Qu'est-ce qui cloche avec TA VIE EN LIGNE ?

1

KBOOKS

SOMMAIRE

CHAPITRE 1 005

CHAPITRE 2 022

CHAPITRE 3 040

CHAPITRE 4 055

CHAPITRE 5 074

CHAPITRE 6 095

CHAPITRE 7 114

CHAPITRE 8 131

CHAPITRE 9 149

CHAPITRE 10 168

CHAPITRE 11 188

CHAPITRE 12 207

CHAPITRE 13 224

CHAPITRE 1

"L'ATTERRISSAGE SERA RETARDÉ EN RAISON D'INTEMPÉRIES. MERCI DE VOTRE COMPRÉHENSION."
ÇA VA, MONSIEUR ?
MALGRÉ LES DEUX HEURES DE RETARD...
J'AI CONNU PIRE.
TAP
TAP
TAP
JE SUIS VRAIMENT DÉSOLÉ.
J'AURAIS DÛ VOUS ASSISTER PENDANT VOTRE VOYAGE.
SACHEZ QUE JE N'AI PAS FERMÉ L'ŒIL DE LA NUIT TELLEMENT J'ÉTAIS INQUIET.
TAP
TAP

BIP
LE MARIAGE DE TA SŒUR S'EST BIEN PASSÉ ?
N'EXAGÈRE PAS NON PLUS.
AHH
OUI, ILS POURRONT S'OFFRIR UNE LUNE DE MIEL GRÂCE À VOTRE ENVELOPPE.
VOUS AVEZ ÉTÉ SI GÉNÉREUX !
CE N'ÉTAIT PAS POUR TE FAIRE PLAISIR.
BRR
MAINTENANT QUE TA PETITE SŒUR S'EST MARIÉE, TU TE RETROUVES SEUL COMME UN VIEUX GARÇON.
TU ME FAISAIS PITIÉ.
HA HA... DÉCIDÉMENT, VOUS SAVEZ TROUVER LES MOTS...
ENFIN, DÉPÊCHONS-NOUS.
POUR QUOI FAIRE ?
NOUS N'AVONS PAS LE TEMPS DE PASSER CHEZ VOUS, MAIS VOUS POURREZ VOUS CHANGER À L'HÔTEL.
JE VOUS AI APPORTÉ UNE TENUE.

POUR VOTRE RENDEZ-VOUS ARRANGÉ.
JE NE SUIS PAS EN ÉTAT.
ANNULE-LE.
MAIS IL EST DANS MOINS D'UNE HEURE !
DIS-LUI QUE MON AVION A EU DU RETARD.
OU QUE JE SUIS MORT, PEU IMPORTE.

YEONGJUN.
APPAREMMENT, TU AS UN NOUVEAU COUP DE CŒUR ?
RÉUNION MENSUELLE DU CERCLE ANGLOPHONE
TOI, LE GRAND YEONGJUN LEE !
ON RACONTE QUE TU FAIS DES PIEDS ET DES MAINS POUR ACQUÉRIR UN TABLEAU.
MONTRE-LE-NOUS !
...
...
VOILÀ.
...

AH OUI !
TU AS TOUJOURS BON GOÛT !
C'EST TRÈS ESTHÉTIQUE.
C'EST UNIQUE.
ÇA RÉVEILLE QUELQUE CHOSE EN MOI.
JE SAIS.
!
SYMPA, CE CANAPÉ.
IL PLAIRAIT BIEN À MA SECRÉTAIRE.
ENLÈVE TES PIEDS DE LA TABLE.

OH NON.
ELLE VIENT DE SUÈDE.
AH BON ?
OUI.
JE PENSAIS QUE QUELQU'UN D'AUSSI TALENTUEUX QUE TOI RECONNAÎTRAIT SA VALEUR.
ET ELLE M'A COÛTÉ DIX FOIS LE PRIX DU CANAPÉ.
TECHNIQUEMENT, JE L'AI ACHETÉE À IKEA, MAIS IL N'A PAS BESOIN DE LE SAVOIR...
...

SWIP
TAP
DIS, HOJIN.
TU PENSES QUOI DE CETTE PEINTURE ?
POURQUOI TU ME POSES LA QUESTION ?

TU NE PEUX PAS RÉPONDRE ?
JE CROYAIS QUE TU T'Y CONNAISSAIS EN ART.
TU PEUX L'ADMETTRE SI CE N'EST PAS LE CAS.
IL N'Y A RIEN DE HONTEUX.
C'EST UN GRAM, NON ?
IL CONNAÎT GRAM ?
OH
JE SUIS SURPRIS.
TES GOÛTS SE SONT AFFINÉS, AVEC LE TEMPS.
J'AI TOUJOURS EU BON GOÛT, MÊME AVANT TA NAISSANCE.
AH.
TU AS UNE MÉMOIRE DÉFECTUEUSE MALGRÉ TA POSITION DE VICE-PRÉSIDENT.
FAIS GAFFE, IL PARAÎT QU'ALZHEIMER TOUCHE AUSSI LES JEUNES...

BRAOUM
C'EST UN WILKINSON GRAM SANS NOM DATANT DE 1984.
SON DÉTENTEUR EST LE PDG DE JUYEON CONSTRUCTION.
MAIS IL REFUSE DE ME LE VENDRE.
BREF.
J'AI DU MAL À L'IMAGINER, TU ES UN AS DE LA NÉGOCIATION.
IL T'A DIT POURQUOI ?
OUI, C'EST ABSURDE.

IL VEUT LE GARDER POUR LE MARIAGE DE SA FILLE.
WIP
IL DOIT AVOIR SES RAISONS.
NON, C'EST JUSTE UN VIEUX TÊTU.
IL LE FAIT EXPRÈS POUR ME RENDRE DINGUE.
JE NE T'AI JAMAIS VU AUSSI DÉSESPÉRÉ.
C'EST PLUTÔT ÉTONNANT.
AHH
JE SUIS PRÊT À PAYER LE PRIX, J'AI MÊME ENVOYÉ MA SECRÉTAIRE MAIS ÇA N'A PAS SUFFI.
JE NE SAIS PLUS QUOI FAIRE !
JE NE SUIS PAS HABITUÉ À PERDRE.

CLING
CE TABLEAU DOIT TE TENIR À CŒUR, POUR QUE TU AILLES AUSSI LOIN.
MAIS DIS-TOI QUE TU POSSÈDES DES ŒUVRES D'ART ENCORE PLUS PRÉCIEUSES.
C'EST DOMMAGE QUE LE PRÉSIDENT HAN SOIT FERMÉ À LA DISCUSSION.
POC
N'AS-TU PAS RÉCEMMENT ACQUIS LE CÉLÈBRE *PAYSAGE* DE VANTE ?
DONC TU CONNAIS MÊME VANTE ?
IL FAUT CROIRE QUE CE N'ÉTAIT PAS JUSTE UN COUP DE CHANCE.
GLOU
GLOU
C'EST UN CRIME DE VOULOIR PLUS ?
POURQUOI TU NE TE CONTENTES PAS DE CE QUE TU AS ?

TU N'AS PAS CHANGÉ À CE QUE JE VOIS.
ET ALORS ?
JE N'ARRIVE PLUS À DORMIR À CAUSE DE ÇA.
ÇA M'A RENDU INSOMNIAQUE.
EN PLUS DE BLESSER MA FIERTÉ.
WIP
TOUT FINIRA PAR S'ARRANGER.
BOIS ET OUBLIE.
ARGH
POURQUOI J'OUBLIERAIS ? JE NE COMPTE PAS ABANDONNER !
TU N'AS PAS ENTENDU CE QUE J'AI DIT ?
DANS CE CAS....

JE TE SOUHAITE BONNE CHANCE.
...
MERCI.
JE VAIS Y ALLER.
POURQUOI ?
J'AI QUELQUE CHOSE À FAIRE.
À CETTE HEURE ?
OUI, JE VIENS DE M'EN SOUVENIR.
ON DEVRAIT ALLER BOIRE UN VERRE UN DE CES QUATRE.
SI TU VEUX.
CLAP

...
SECRÉTAIRE JI.
TAP
TAP
OUI, MONSIEUR.
TU AS DE QUOI PRENDRE DES NOTES ?
TAP
TAP
OUI, DITES-MOI.
IL Y A UNE PEINTURE SANS TITRE DE WILKINSON GRAM DATANT DE 1984.
JE VEUX UN RAPPORT DEMAIN SUR SON PROPRIÉTAIRE, LE PRÉSIDENT DE JUYEON CONSTRUCTION.
NE POSE PAS DE QUESTION.
JE DOIS À TOUT PRIX METTRE LA MAIN DESSUS.

ET SUR SA BENJAMINE AUSSI.
VOUS VOULEZ DIRE LA FILLE DE YEONGCHEOL HAN ?
NON... JE VOUS PRÉPARE TOUT ÇA.
OUI, IL Y A UN PROBLÈME ?
BIP
FRSH
BRR
...
GNIP

CHAPITRE 2

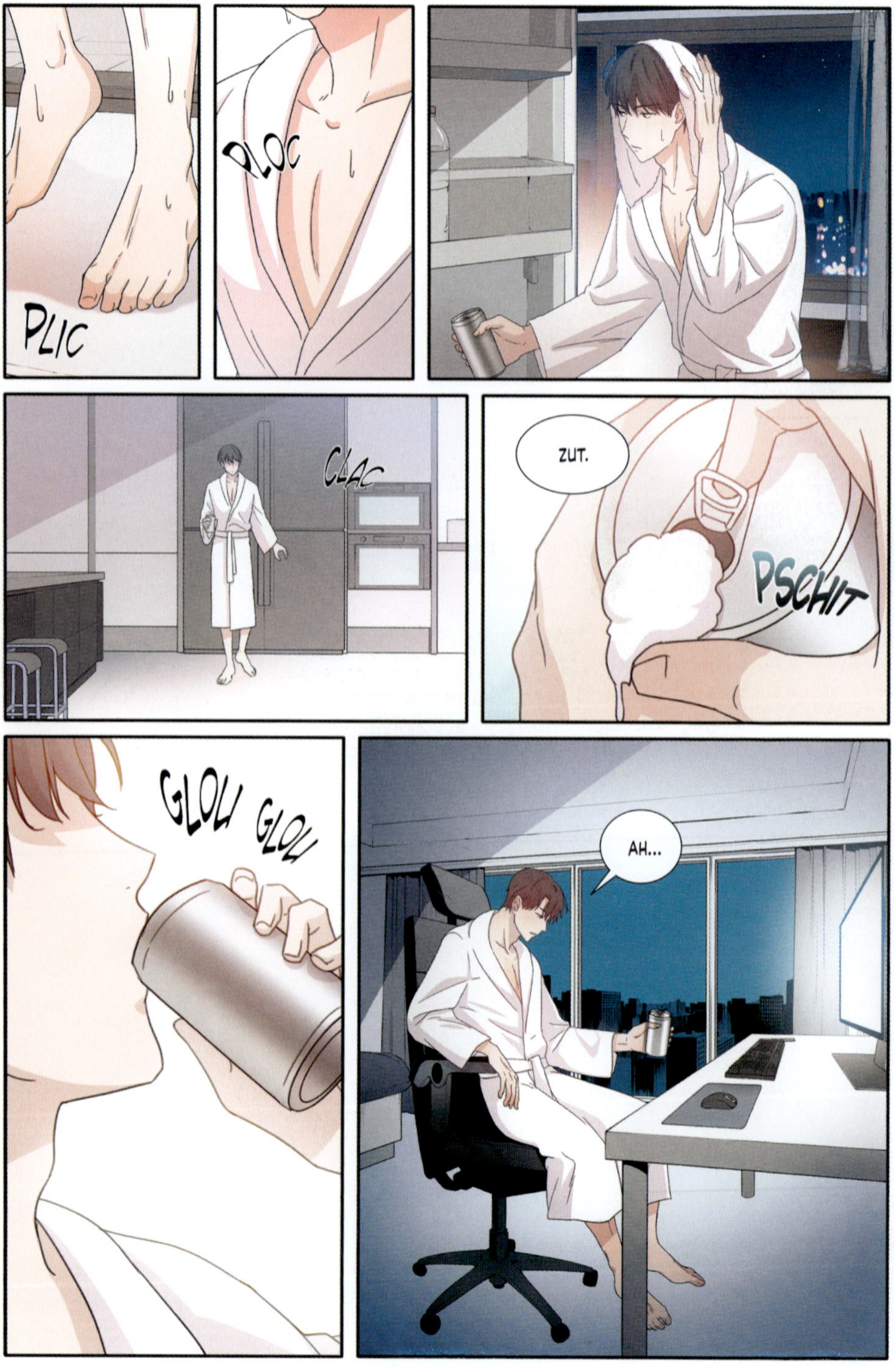
PLIC
PLOC
CLAC
ZUT.
PSCHIT
GLOU GLOU
AH...

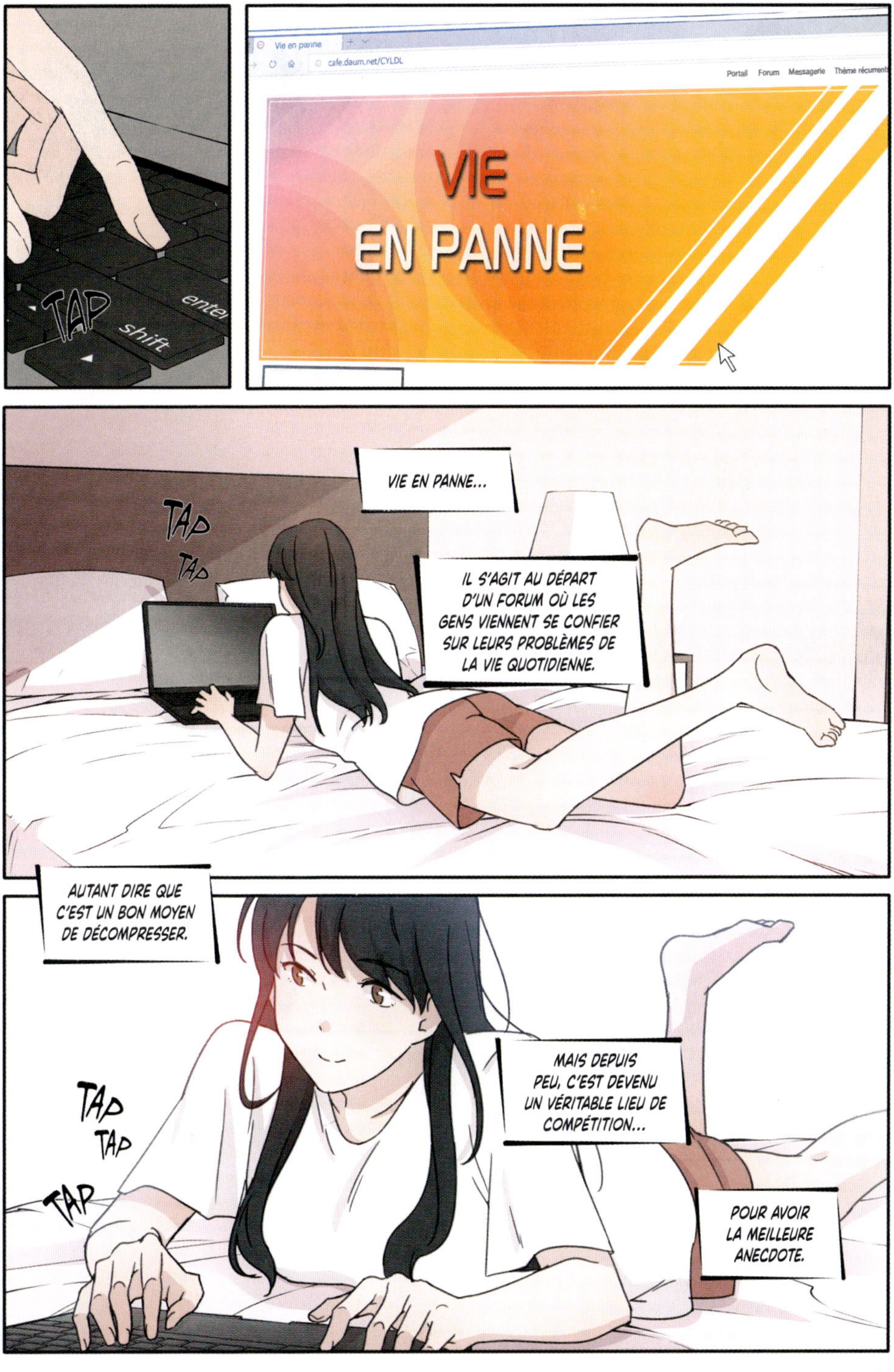
TAP
Vie en panne
cafe.daum.net/CYLDL
Portail Forum Messagerie Thème récurrents
VIE
EN PANNE
VIE EN PANNE…
TAP
TAP
IL S'AGIT AU DÉPART D'UN FORUM OÙ LES GENS VIENNENT SE CONFIER SUR LEURS PROBLÈMES DE LA VIE QUOTIDIENNE.
AUTANT DIRE QUE C'EST UN BON MOYEN DE DÉCOMPRESSER.
TAP
TAP
TAP
MAIS DEPUIS PEU, C'EST DEVENU UN VÉRITABLE LIEU DE COMPÉTITION…
POUR AVOIR LA MEILLEURE ANECDOTE.

SURTOUT GRÂCE À L'UTILISATEUR "OUPS !".
OUPS ! : AUJOURD'HUI, J'AI LOUPÉ UN RENDEZ-VOUS ARRANGÉ. #VIEENPANNE
CLIC
AH
CETTE FOIS-CI, C'EST UN RENDEZ-VOUS ARRANGÉ ?
[ÉRU IO]
ADORE CASSER "OUPS !" POUR SE DIVERTIR
HA
HA
HA
HA
ÉRU IO : AH OUI ? IL S'EST PASSÉ QUOI ?
DING
C'EST LE PREMIER À RÉPONDRE, COMME D'HABITUDE.

ÉRU I O : AH OUI ? IL S'EST PASSÉ QUOI ?
APOCALYPSE : ÇA Y EST, ÉRU I O À L'ATTAQUE !
JOJO : LA BATAILLE COMMENCE.
[OUPS !]
TAP TAP TAP TAP
OUPS ! : ÇA DEVAIT ÊTRE À CAUSE DU STRESS.
OUPS ! : J'AI EU UN PETIT ACCIDENT DE VOITURE. ÇA COÛTE COMBIEN DE RÉPARER LE PARE-CHOC D'UNE PORSCHE ?
[ÉRUIO]
AH
ÉRU I O : SÛREMENT UN BRAS.
UNE PORSCHE, CARRÉMENT ?
OUPS ! : C'EST BIEN CE QU'IL ME SEMBLAIT. EN PLUS, LA PORSCHE, C'EST MA VOITURE.

C'EST ÇA ET MOI JE CONDUIS UNE MERCEDES !
HA HA...
[ÉRUIO]
[OUPS !]
TU ES NATIONALISTE, MAIS TU ACHÈTES UNE VOITURE ÉTRANGÈRE ? JE SUIS DÉÇU.
ÉRU10
OH, TU N'ES PAS AU COURANT ? LES MERCEDES SONT FABIQUÉES DANS NOTRE BEAU PAYS.
OUPS
RENSEIGNE-TOI AVANT DE PARLER.
CE SONT LES LAMBORGHINI QUI SONT ASSEMBLÉES ICI, PAS LES MERCEDES.
OH
AH BON.
DE TOUTE FAÇON, JE NE L'AI PAS ACHETÉE. C'EST MON ENTREPRISE QUI LA LOUE.

MA VOITURE ÉTAIT UN CADEAU DE FIN D'ÉTUDES.
PRÉPAREZ LE POPCORN.
ÉRU1
OUPS
ILS SE DISPUTENT ENCORE.
TSS
NE ME DIS PAS QUE TES PARENTS NE T'ONT RIEN OFFERT ?
TSS
LE MEILLEUR DIVERTISSEMENT !

ÉRU10
NE PARLE PAS D'EUX, MA MÈRE EST MORTE, IL Y A TRENTE ANS.
OUPS
JE CROYAIS QUE TU AVAIS VINGT ANS ?
TOUT EST VRAI SAUF MON ÂGE, ENFOIRÉ.
PEU IMPORTE.
COMMENT TU AS FAIT POUR TON RENDEZ-VOUS ?
PAR CHANCE, IL A ÉTÉ ANNULÉ À CAUSE D'UNE CRISE D'HÉMORROÏDES.
ÉRU10
COMME PAR HASARD ?
ELLE A DÛ VOIR TA PHOTO ET CHERCHÉ UN PRÉTEXTE POUR ANNULER !
HA HA HA
OUPS ! : JE L'AI PEUT-ÊTRE EFFRAYÉE AVEC MON CORPS DE RÊVE. SÛREMENT UNE PUCELLE.
CRAC
SÛREMENT UN PUCEAU.
BRR

OUÏLLE
OUÏLLE
AÏE, UNE CRAMPE !
ÉRU10 : TU ES UN HOMME OU UNE FEMME ? TU CHANGES TOUS LES QUATRE MATINS.
TAP
HI HI
TAP TAP
BRR
BRR
OUPS ! : JE SUIS HERMAPHRODITE, ET ALORS ?
HA HA
ICI, PERSONNE NE NOUS CONNAÎT.
JE N'AI PAS BESOIN DE ME SOUCIER DE MES MOTS, NI DE METTRE LES FORMES.
C'EST ÉTONNAMMENT REPOSANT D'ÊTRE ANONYME...

BREF, SOYEZ PRÊTS...
VOUS AUREZ BIENTÔT AFFAIRE À UN HOMME MARIÉ !
OUPS
HÀ HÀ
ÉRU
C'EST UN PEU AMBITIEUX, TU NE TROUVES PAS ?
ET MOI, JE PARIE MON SAC HERMÈS QUE TON MARIAGE NE TIENDRA PAS UN AN.
DE QUELLE COULEUR ?
NOIR, EN PEAU DE CROCODILE.
OUPS
FHIP
NON, JE SERAI MARIÉ DANS TROIS MOIS.
J'EN METS MA MAIN À COUPER !
CAPTURE D'ÉCRAN !
PROFITE BIEN DE TON SAC PARCE QUE JE VIENDRAI TE DEMANDER DES COMPTES L'ANNÉE PROCHAINE !
OUPS
T'ES SÉRIEUX ?
HI HI
JE NE PLAISANTE JAMAIS AVEC MA VIE !

ÉRU10
HÂ HÂ
DANS CE CAS-LÀ, PRÉPARE-TOI À DIRE ADIEU À TA MAIN !
OUPS
EUH, C'ÉTAIT UNE EXPRESSION.
JE-SAIS... JE NE VAIS PAS TE LA COUPER.
BRR
BRR
DÉSOLÉ DE VOUS DÉRANGER AUSSI TARD MAIS COMME VOUS VOULIEZ QUE JE VOUS PRÉVIENNE...
NE T'INQUIÈTE PAS, JE NE DORMAIS PAS. ALORS ?
LE PRÉSIDENT HAN PEUT VOUS VOIR DEMAIN À 14 H.
BIEN.
MAIS VOUS RISQUEZ DE NE PAS AVOIR LE TEMPS DE DÉJEUNER...
PEU IMPORTE, CE N'EST PAS LA PRIORITÉ.

PAR ICI.
TAP TAP
CRII
BONJOUR, MONSIEUR HAN. JE SUIS HOJIN LEE DES HÔTELS YUIL.

BIENVENUE.
ON S'EST DÉJÀ CROISÉS À PLUSIEURS REPRISES...
MAIS C'EST LA PREMIÈRE FOIS QU'ON DISCUTE TOUS LES DEUX, N'EST-CE PAS ?
OUI, SI J'AI DEMANDÉ À VOUS VOIR...
EST-CE À CAUSE DE SON ÂGE AVANCÉ ?
IL NE SEMBLE PAS TRÈS AUTORITAIRE POUR SA POSITION DE PDG.
ATTENDS... ON N'EST PAS PRESSÉS.
ASSIEDS-TOI D'ABORD.
MERCI.
POUF
TU FAIS BONNE IMPRESSION, DIRECTEUR LEE.
ON TE L'A DÉJÀ DIT ?

HEIN ?
EUH, PARFOIS OUI.
TU AS L'AIR DROIT ET SINCÈRE.
MERCI POUR LE COMPLIMENT.
IL N'A AUCUN FLAIR.
C'EST FOU COMME TU ES À SON OPPOSÉ.
COMMENT ?

TE VOIR ME RAPPELLE TON COUSIN, YEONGJUN LEE...
IL N'ARRÊTE PAS DE M'ENVOYER SA SECRÉTAIRE POUR M'AMADOUER.
QUEL LÂCHE !
J'AI FAILLI ME FAIRE AVOIR PAR SON CHARME LA PREMIÈRE FOIS...
GENTILLE.
C'EST UNE BELLE FEMME.
AVEC UNE GÉNÉREUSE POITRINE.
BOING
BOING
TOC
TOC
ÇA DOIT ÊTRE MA SECRÉTAIRE.
MERCI.

MERCI, CHARMANTE DEMOISELLE. LAISSEZ-NOUS MAINTENANT.
KOF
OUI, MONSIEUR.
WIP
...
CLAC

BON, ALORS...
ET SI TU ME DISAIS LA RAISON DE TA VISITE ?
COMMENT ABORDER LE SUJET DE SA PEINTURE SANS LE BRUSQUER...
EUH...
JE SAIS.
C'EST À PROPOS DU RENDEZ-VOUS, C'EST ÇA ?
TU VIENS T'EXCUSER D'AVOIR POSÉ UN LAPIN À MA FILLE ?
QUOI ? IL VEUT DIRE QUE...

CHAPITRE 3

C'EST À PROPOS DU RENDEZ-VOUS, C'EST ÇA ?
TU VIENS T'EXCUSER...
D'AVOIR POSÉ UN LAPIN À MA FILLE ?
QUOI...?
ATTENDS...
DE QUEL RENDEZ-VOUS IL PARLE ?
ANNULE-LE.
MAIS IL EST DANS MOINS D'UNE HEURE !
DIS-LUI QUE MON AVION A EU DU RETARD.
OU QUE JE SUIS MORT, PEU IMPORTE.

...
JE VEUX UN RAPPORT DEMAIN SUR SON PROPRIÉTAIRE, LE PRÉSIDENT DE JUYEON CONSTRUCTION.
ET SUR SA BENJAMINE AUSSI.
VOUS VOULEZ DIRE LA FILLE DE YEONGCHEOL HAN ?
?
OUI, IL Y A UN PROBLÈME ?
NON... JE VOUS PRÉPARE TOUT ÇA.
MAUDIT SECRÉTAIRE ! IL AURAIT PU ME PRÉVENIR !
VOUUUH

J'AVAIS PLACÉ BEAUCOUP D'ESPOIRS DANS CE RENDEZ-VOUS.
JE SUIS ASSEZ DÉÇU.
...
MOI QUI N'ANNULE JAMAIS MES RENDEZ-VOUS À LA DERNIÈRE MINUTE...
IL A FALLU QUE CETTE SEULE FOIS...
JE N'AI AUCUNE EXCUSE.
JE SUIS DÉSOLÉ.
HUM...
CE N'EST PAS GRAVE.
JE N'AVAIS PAS D'ATTENTE PARTICULIÈRE.
TU REVENAIS TOUT JUSTE D'UN VOYAGE D'AFFAIRES, N'EST-CE PAS ?
ÇA NE JUSTIFIE RIEN.
J'AURAIS DÛ ALLER M'EXCUSER AUPRÈS DE VOTRE FILLE.
MAIS JE N'AI FAIT QUE REPOUSSER À CAUSE DU TRAVAIL...

NE T'INQUIÈTE PAS.
MA FILLE A EU UN EMPÊCHEMENT DE TOUTE FAÇON.
ELLE N'AURAIT PAS PU ARRIVER À L'HEURE.
FINALEMENT, ÇA TOMBAIT BIEN.
AH OUI ?
ALORS TANT MIEUX.
COMME TU LE SAIS SÛREMENT, J'AI TROIS FILS.
MON AÎNÉ A DÉJÀ LA CINQUANTAINE.
MAIS MA PRINCESSE, QUE J'AI EUE TARD, N'A QUE 25 ANS.
VOUS DEVEZ LA CHÉRIR.
OUI.
...
CLING
C'EST LA PRUNELLE DE MES YEUX.
C'EST POURQUOI J'AIMERAIS LUI TRANSMETTRE MON BIEN LE PLUS PRÉCIEUX.
DE QUOI S'AGIT-IL ?
UN TABLEAU DE WILKINSON GRAM...

SANS TITRE, DE 1984.
EN FAIT, LA SECRÉTAIRE DE YEONGJUN LEE EST VENUE ME VOIR POUR CETTE RAISON.
IL VOULAIT ME FAIRE DES PROPOSITIONS D'ACHAT.
COMMENT ALLEZ-VOUS, CHER MONSIEUR ?
AH OUI ?
IL DIT QU'IL EST PRÊT À ME L'ACHETER, PEU IMPORTE LE PRIX !
JE DOIS RESTER IMPASSIBLE...
TU TE RENDS COMPTE ?
QUEL PRÉTENTIEUX !
IL A TOUJOURS ÉTÉ ARROGANT...
MAIS IL N'A PAS DE MAUVAISES INTENTIONS.
IL FAUT ESSAYER DE LE COMPRENDRE.

CETTE PEINTURE, JE L'AI ACHETÉE IL Y A 25 ANS...
QUAND SEONGJEONG ÉTAIT ENCORE DANS LE VENTRE DE SA MÈRE.
VOILÀ POURQUOI JE TE PRÉFÈRE.
MERCI, MONSIEUR.
MÊME SI ELLE M'A COÛTÉ CHER...
JE NE REGRETTE PAS UN CENTIME.
ELLE A UNE VALEUR SENTIMENTALE POUR MOI.
C'EST LA PLUS PRÉCIEUSE DE MES POSSESSIONS.
IL SE TROUVE QUE PEU DE TEMPS APRÈS L'AVOIR PEINTE...
LA SANTÉ DE GRAM S'EST DÉGRADÉE.
SUITE À ÇA...
DONC CETTE PEINTURE...
EST SÛREMENT SA DERNIÈRE ŒUVRE.

* ndt : environ 5 millions d'euros.

NON.
ELLE N'EST PAS RÉSERVÉE POUR ELLE.
QUOI...?
C'EST QUOI, CE REBONDISSEMENT ?
C'EST POURTANT CE QUE YEONGJUN A AFFIRMÉ.
J'AI DE LA PEINE POUR MA PAUVRE FILLE.
JE NE PEUX PAS FAIRE GRAND-CHOSE POUR ELLE EN TANT QUE PÈRE.
TOUT CE QUE JE SOUHAITE...
C'EST QU'ELLE SOIT HEUREUSE.
SI UN JOUR, ELLE RENCONTRE QUELQU'UN...
UN HOMME PRÊT À PRENDRE SOIN D'ELLE ET À L'AIMER COMME JE L'AIME...
ALORS JE LUI REMETTRAI CETTE PEINTURE EN GUISE DE REMERCIEMENT.

C'EST UNE DÉCISION QUE J'AI PRISE IL Y A 25 ANS.
DONC IL VA LA DONNER À SON GENDRE !
JE VOIS...
LORSQUE JE TE VOIS, JE NOURRIS CET ESPOIR...
TU ES DROIT, INTELLIGENT, BEAU...
QU'EN PENSES-TU ?
VOUDRAIS-TU RÉESSAYER DE VOIR MA FILLE ?
JEUDI MIDI

JE N'AI PAS LE DROIT À UN AUTRE FAUX PAS.
JE DOIS TOUT FAIRE POUR LUI PLAIRE...
ET METTRE LA MAIN SUR LA PEINTURE.
CETTE FOIS-CI, JE T'AURAI...
GNIP
YEONGJUN !
TOC TOC
LA VOILÀ...
ELLE DOIT ÊTRE EN COLÈRE POUR LA DERNIÈRE FOIS.
CLAC

DIPLÔMÉE D'UNE CÉLÈBRE UNIVERSITÉ POUR FEMMES EN LITTÉRATURE.
DEPUIS LA FIN DE SES ÉTUDES, ELLE CONSACRE SON TEMPS À DEVENIR UNE BONNE FUTURE ÉPOUSE.
TAP
TAP

LA DÉFINITION MÊME DE LA FILLE DE BONNE FAMILLE.
FSHHH
BONJOUR.
PARDONNEZ-MOI POUR LA DERNIÈRE FOIS.

PARDON ?
J'IGNORAIS QUE VOUS REVENIEZ D'UN VOYAGE D'AFFAIRES.
SI J'AVAIS SU, J'AURAIS PROPOSÉ UNE AUTRE DATE...
EXCUSEZ-MOI POUR CE DÉSAGRÉMENT.
C'EST MOI QUI AI ANNULÉ.
JE DEVRAIS ÊTRE CELUI QUI S'EXCUSE, PAS ELLE...
...
?
?
?

C'EST UN
ANGE, CETTE
FEMME ?
HI
HI

CHAPITRE 4

MADAME KIM M'A BEAUCOUP PARLÉ DE VOUS.
VOUS ÊTES EXACTEMENT COMME ELLE L'A DÉCRIT...
À VRAI DIRE, JE N'AI JAMAIS RENCONTRÉ NOTRE ENTREMETTEUSE.
MAIS COMME JE NE SAIS PAS PAR OÙ COMMENCER...
VOUS ÊTES MÊME ENCORE PLUS BELLE EN PERSONNE.
OH LÀ LÀ !
VOUS DITES ÇA POUR ME FAIRE PLAISIR.
NON, JE LE PENSE VRAIMENT.
VOTRE PÈRE A DE QUOI ÊTRE FIER.
IL ADORE SE VANTER DE SES ENFANTS.
JE NE SAIS PAS CE QU'IL VOUS A DIT SUR MOI MAIS...
J'ESPÈRE QU'IL NE VOUS A PAS TROP EMBÊTÉ AVEC ÇA.
PAS DU TOUT.
JE DOIS DIRE QUE VOUS AUSSI...
VOUS ÊTES PLUS BEAU EN PERSONNE.

J'AI VU VOTRE PHOTO DANS UN ARTICLE DE MAGAZINE.
JE VOUS TROUVAIS DÉJÀ CHARMANT.
MAIS EN PERSONNE, VOUS ÊTES SPLENDIDE.
BLING BLING
JE VOUS RETOURNE LE COMPLIMENT.
VOUS AVEZ DES BEAUX YEUX.
ET VOUS, UN MAGNIFIQUE SOURIRE.
...
...
[PLUS RIEN À DIRE...]
VOILÀ LE STEAK DE BŒUF, LE HOMARD GRILLÉ...
FWIT
ET LA DORADE GLACÉE AU JUS DE VIANDE...
SUR SA SAUCE DE FOIE GRAS.

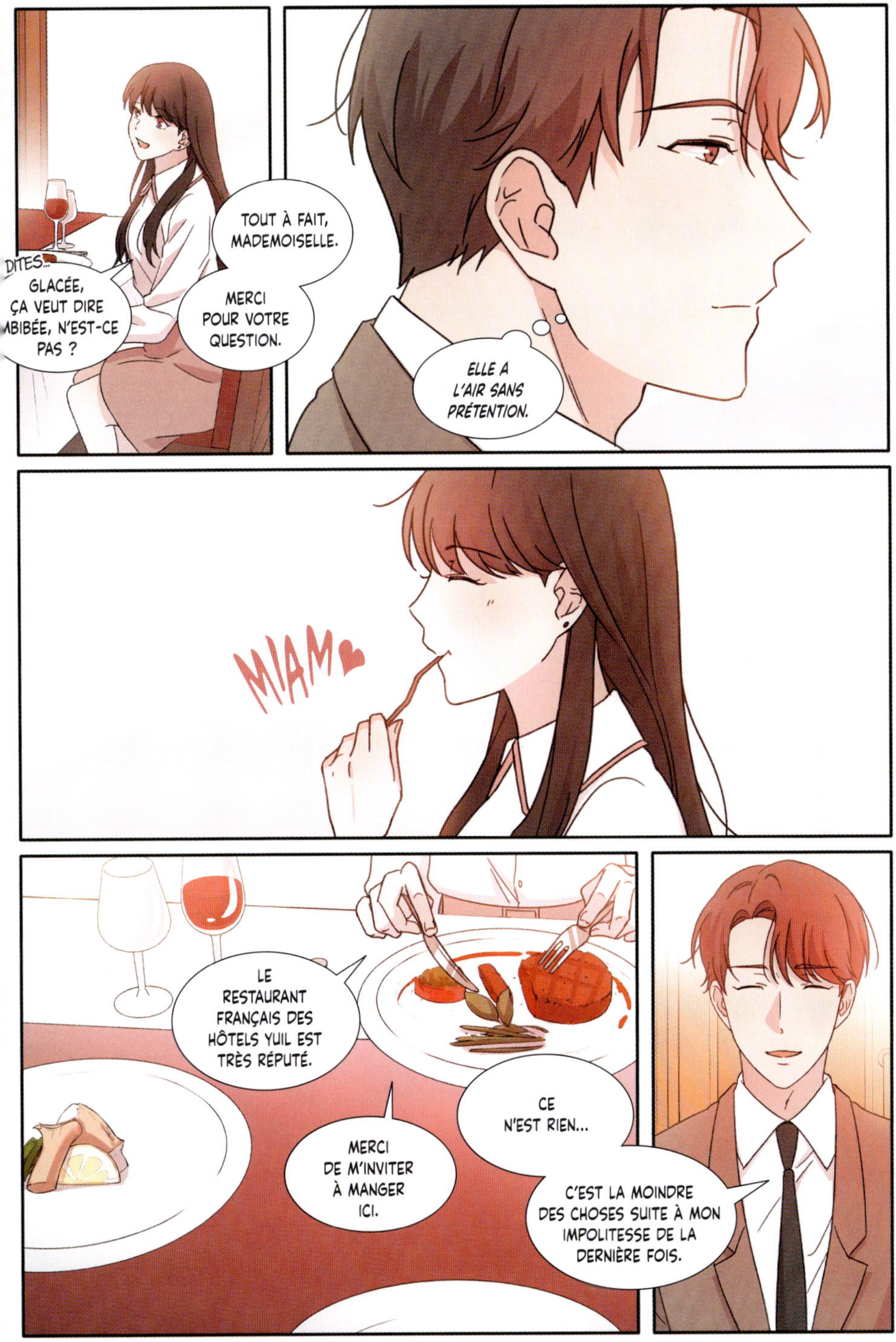
DITES...
GLACÉE, ÇA VEUT DIRE IMBIBÉE, N'EST-CE PAS ?
TOUT À FAIT, MADEMOISELLE.
MERCI POUR VOTRE QUESTION.
ELLE A L'AIR SANS PRÉTENTION.
MIAM
LE RESTAURANT FRANÇAIS DES HÔTELS YUIL EST TRÈS RÉPUTÉ.
MERCI DE M'INVITER À MANGER ICI.
CE N'EST RIEN...
C'EST LA MOINDRE DES CHOSES SUITE À MON IMPOLITESSE DE LA DERNIÈRE FOIS.

MAIS NON, VOUS N'AVEZ RIEN À VOUS REPROCHER.
D'AILLEURS, J'AI EU UN PETIT INCIDENT CE JOUR-LÀ.
JE N'AURAIS PAS PU ARRIVER À L'HEURE DE TOUTE FAÇON.
RIEN DE GRAVE ?
NON, J'ÉTAIS EN ROUTE VERS LE RESTAURANT...
ET J'AI EU UN ACCIDENT DE VOITURE.
QUOI ?
UN ACCIDENT DE VOITURE ?!
VOUS ALLEZ BIEN ?
VOUS N'AVEZ PAS ÉTÉ BLESSÉE ?
EUH...
STOP
NON, C'ÉTAIT UN PETIT ACCIDENT. J'ATTENDAIS À UN FEU ROUGE ET...

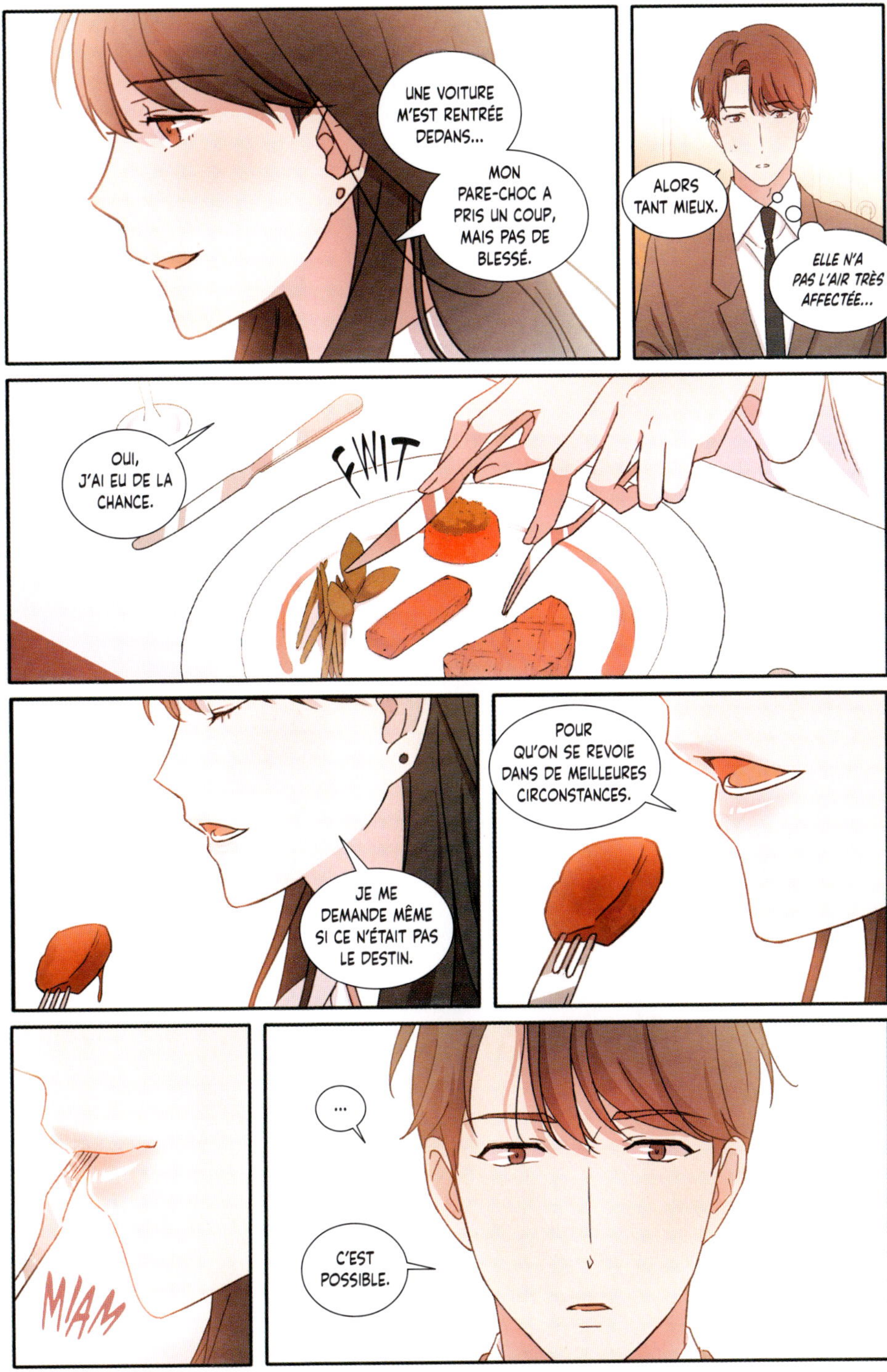

UNE VOITURE M'EST RENTRÉE DEDANS...
MON PARE-CHOC A PRIS UN COUP, MAIS PAS DE BLESSÉ.
ALORS TANT MIEUX.
ELLE N'A PAS L'AIR TRÈS AFFECTÉE...
OUI, J'AI EU DE LA CHANCE.
FWIT
JE ME DEMANDE MÊME SI CE N'ÉTAIT PAS LE DESTIN.
POUR QU'ON SE REVOIE DANS DE MEILLEURES CIRCONSTANCES.
MIAM
...
C'EST POSSIBLE.

POUR ÊTRE HONNÊTE, J'ATTENDAIS CE RENDEZ-VOUS AVEC IMPATIENCE.
AH OUI ?
FWIT
EN VÉRITÉ...
C'EST MOI QUI VOULAIS VOUS RENCONTRER.
WIP
WIP
J'EN AI PARLÉ À MON PÈRE.
ET IL A TOUT ORGANISÉ.

J'AI SOIF...
VOUS NE VOUS EN SOUVENEZ PEUT-ÊTRE PAS MAIS...
ON S'EST DÉJÀ VUS, IL Y A LONGTEMPS.
FFT
AH BON ?
OUI, IL Y A CINQ ANS.
IL Y AVAIT UNE COMPÉTITION AMICALE DE SPORT.
ET VOUS JOUIEZ AU TENNIS.
J'ÉTAIS VENUE AVEC UNE AMIE.
UN MATCH DE TENNIS, IL Y A CINQ ANS...
VOUS ÉTIEZ IMPRESSIONNANT !
L'ÉQUIPE DE YEONGJU LEE A FINI PAR GAGNER, MAIS...
LA STAR DE LA JOURNÉE, C'ÉTAIT VOUS !

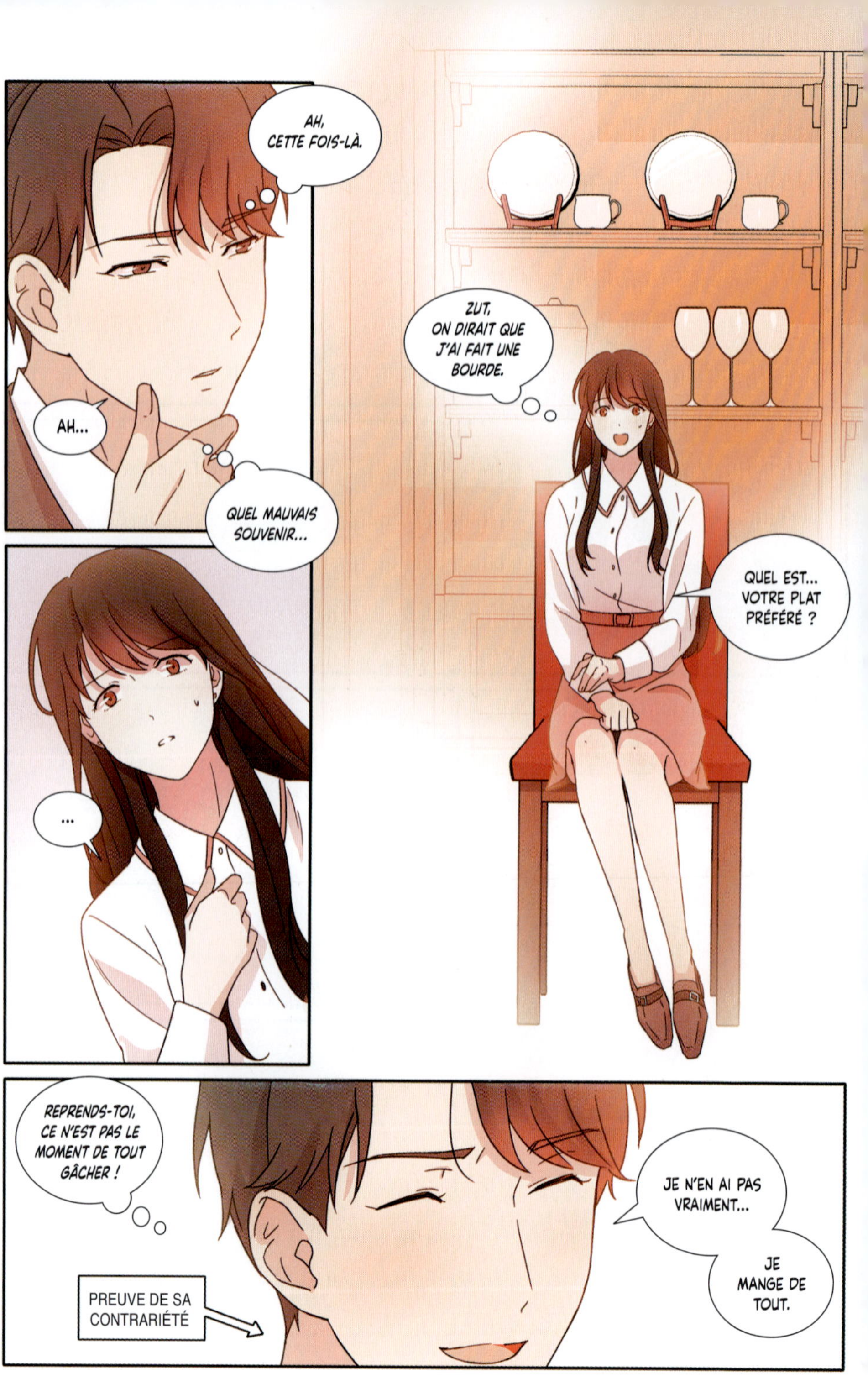
AH, CETTE FOIS-LÀ.
AH...
QUEL MAUVAIS SOUVENIR...
ZUT, ON DIRAIT QUE J'AI FAIT UNE BOURDE.
QUEL EST... VOTRE PLAT PRÉFÉRÉ ?
...
REPRENDS-TOI, CE N'EST PAS LE MOMENT DE TOUT GÂCHER !
JE N'EN AI PAS VRAIMENT...
JE MANGE DE TOUT.
PREUVE DE SA CONTRARIÉTÉ

ET EUH, VOUS... MADEMOISELLE...
AH OUI !
VOUS POUVEZ M'APPELER PAR MON PRÉNOM.
SEONGJEONG.
DANS CE CAS-LÀ, APPELEZ-MOI AUSSI PAR MON PRÉNOM.
D'ACCORD, HOJIN.
FSHHHH
...

JE SUIS CONTENT QUE LE RESTAURANT VOUS PLAISE.
LA PROCHAINE FOIS, JE VOUS INVITERAI DANS UN RESTAURANT VEGAN.
WIP
WIP
AH... UN RESTAURANT VEGAN ?
VOUS N'AIMEZ PAS ?
SI, SI ! ÇA VEUT DIRE QU'ON SE REVERRA ?
J'EN SUIS RAVIE.
PAS PLUS QUE MOI.
ARRÊTEZ.
VOUS ME FAITES ROUGIR.
HA HA !
HO HO HO !
HA HA HA !

TAP
TAP
TAP

OUPS ! : ÇA Y EST, LE RENDEZ-VOUS A EU LIEU ET J'AI UNE COPINE MAINTENANT.

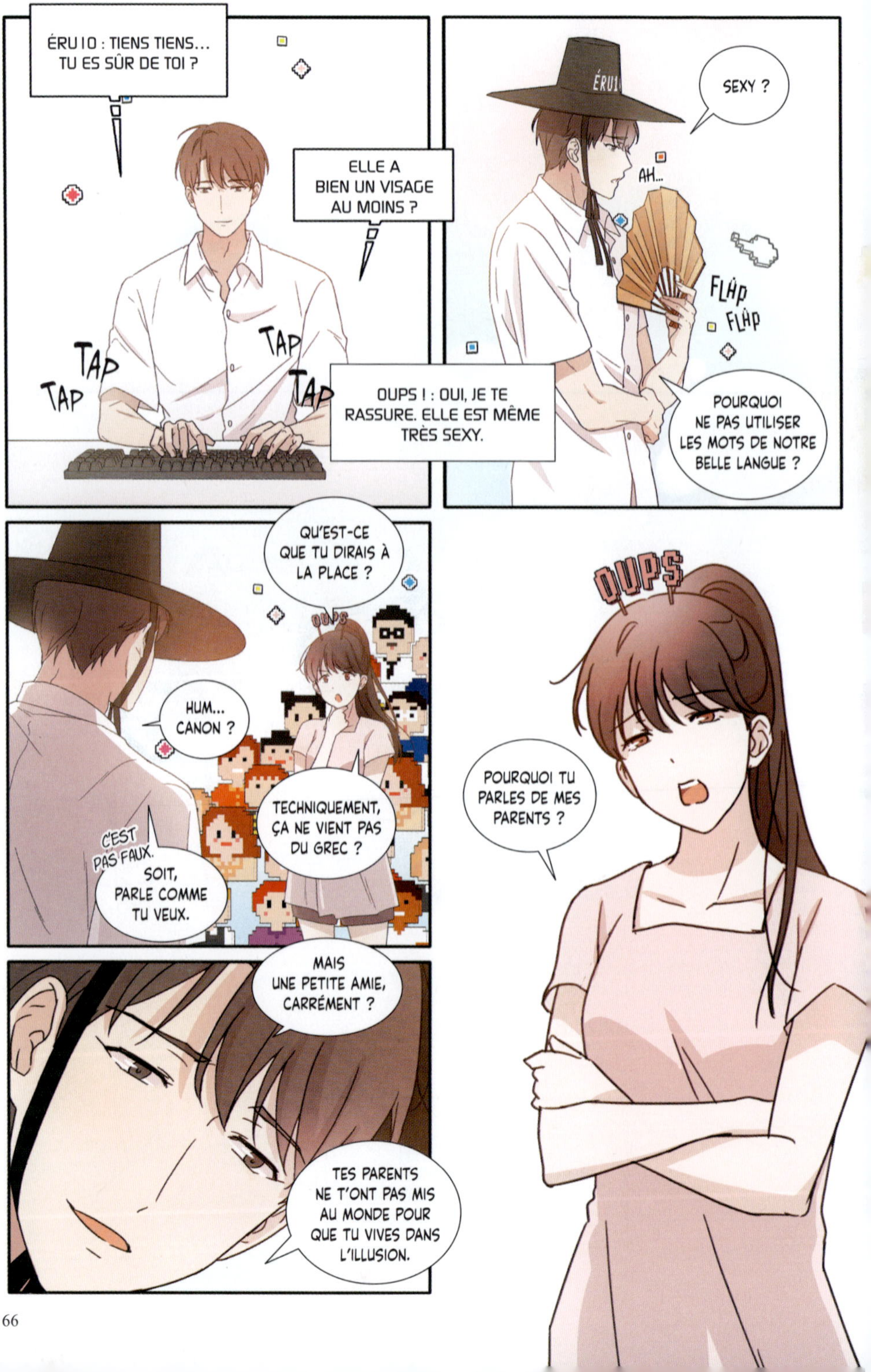
ÉRU10 : TIENS TIENS… TU ES SÛR DE TOI ?
ELLE A BIEN UN VISAGE AU MOINS ?
TAP TAP TAP TAP
OUPS ! : OUI, JE TE RASSURE. ELLE EST MÊME TRÈS SEXY.
ÉRU1
SEXY ?
AH…
FLÂP FLÂP
POURQUOI NE PAS UTILISER LES MOTS DE NOTRE BELLE LANGUE ?
QU'EST-CE QUE TU DIRAIS À LA PLACE ?
OUPS
HUM… CANON ?
TECHNIQUEMENT, ÇA NE VIENT PAS DU GREC ?
C'EST PAS FAUX.
SOIT, PARLE COMME TU VEUX.
OUPS
POURQUOI TU PARLES DE MES PARENTS ?
MAIS UNE PETITE AMIE, CARRÉMENT ?
TES PARENTS NE T'ONT PAS MIS AU MONDE POUR QUE TU VIVES DANS L'ILLUSION.

ÉRU10
C'EST TOI QUI AS COMMENCÉ, JE TE SIGNALE.
OUPS
EH BIEN, ÇA NE SE FAIT PAS.
PEU IMPORTE.
J'IRAI EN ENFER DE TOUTE FAÇON.

IL SAIT DÉJÀ QU'IL IRA EN ENFER ?
FRSH
FRSH
MIAM
MIAM
GROGNON : À FORCE, VOUS ALLEZ FINIR PAR DEVENIR AMIS.
ET SI VOUS ALLIEZ VOUS DISPUTER EN PRIVÉ AU LIEU DE POLLUER LE FORUM ?
TU N'AS QU'À PARTIR SI ÇA TE DÉRANGE.
[GROGNON]
ON T'A RIEN DEMANDÉ !
VA-T'EN.
BREF.
UN RENDEZ-VOUS ET C'EST DÉJÀ TA COPINE ?
EH OUI, COMME ON DIT...
LE CŒUR A SES RAISONS QUE LA RAISON IGNORE.

ÉRUIO
JE M'EN FICHE DE TES SENTIMENTS.
COMMENT TU AS FAIT ? TU LUI AS DEMANDÉ DE SORTIR AVEC TOI ?
THC
OUPS
...
ON N'EST PLUS AU MOYEN-ÂGE.
OUPS
ON S'EST PROMIS DE SE REVOIR ET C'EST TOUT.
ÇA SE SAURAIT SI C'ÉTAIT AUSSI SIMPLE.
TU RACONTES QUE DES SALADES.
ÉCOUTE...
ON A DÎNÉ EN TÊTE-À-TÊTE.
OUPS
ET ENSUITE, ELLE M'A RAMENÉ CHEZ MOI.
SI CE N'EST PAS MA COPINE, C'EST QUOI ?
RABAT-JOIE !
ELLE T'A RAMENÉ CHEZ TOI ?
HUM
CE N'EST PAS L'INVERSE GÉNÉRALEMENT ?
J'Y PEUX RIEN SI J'AI TROP DE CHARME.

...
POURQUOI TU NE RÉPONDS PAS ?
HÀ HÀ HÀ
OUPS
ÉRU10 A QUITTÉ LA CONVERSATION.
PFT !
IL ME FAIT TROP RIRE !
HA HA HA
CLAC
ZUT !
...
FWIT
SHHH

HA
HA
HA
J'EN PEUX PLUS !

HA HA HA HA HA HA HA !
BRR
BRR

CHAPITRE 5

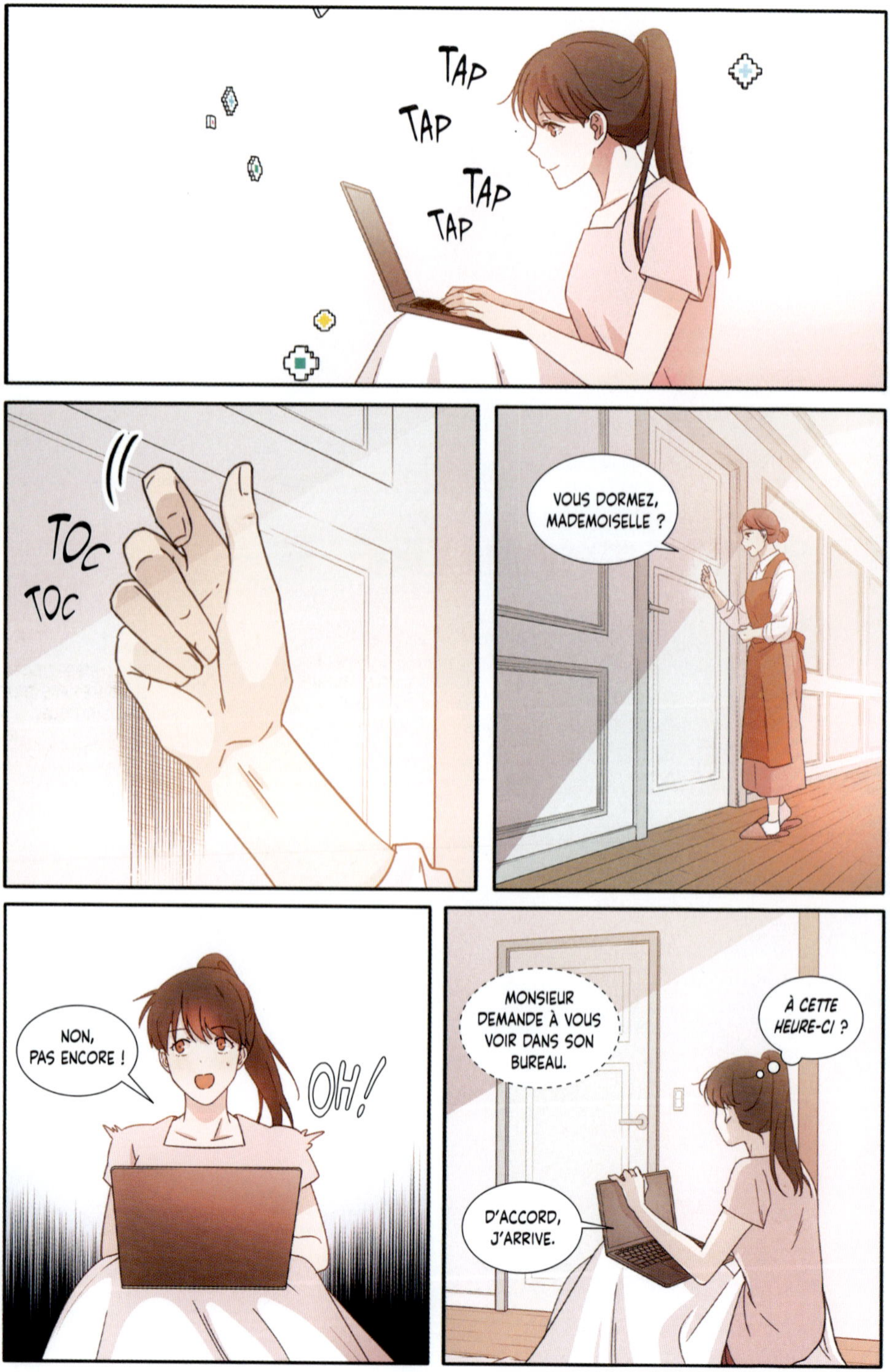
TAP
TAP
TAP
TAP
TOC
TOC
VOUS DORMEZ, MADEMOISELLE ?
NON, PAS ENCORE !
OH !
MONSIEUR DEMANDE À VOUS VOIR DANS SON BUREAU.
À CETTE HEURE-CI ?
D'ACCORD, J'ARRIVE.

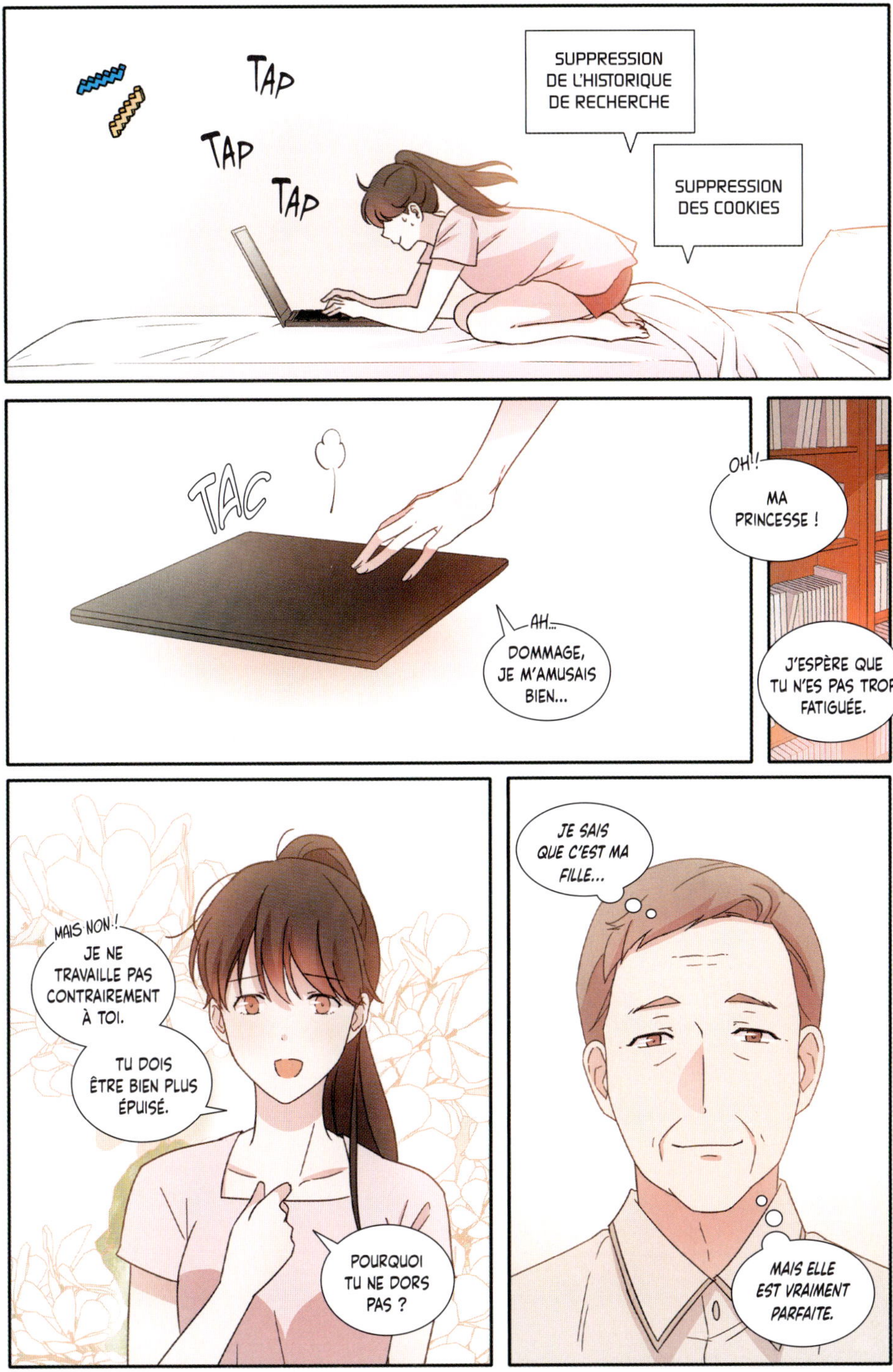
TAP
TAP
TAP
SUPPRESSION DE L'HISTORIQUE DE RECHERCHE
SUPPRESSION DES COOKIES
TAC
AH... DOMMAGE, JE M'AMUSAIS BIEN...
OH ! MA PRINCESSE !
J'ESPÈRE QUE TU N'ES PAS TROP FATIGUÉE.
MAIS NON ! JE NE TRAVAILLE PAS CONTRAIREMENT À TOI.
TU DOIS ÊTRE BIEN PLUS ÉPUISÉ.
POURQUOI TU NE DORS PAS ?
JE SAIS QUE C'EST MA FILLE...
MAIS ELLE EST VRAIMENT PARFAITE.

IL Y A QUELQUE CHOSE QUI TE TRACASSE ?
J'AI ENVIE DE TE QUITTER QUAND JE PENSE À CE QUE TU M'AS FAIT.
MAIS J'AI PITIÉ POUR L'ENFANT SI C'EST CETTE VULGAIRE FEMME QUI L'ÉDUQUE.
JE FERMERAI DONC LES YEUX.

LE BÉBÉ N'A COMMIS AUCUN CRIME, APRÈS TOUT.
PAPA...?
AH OUI.
TA MÈRE M'A DIT QUE LE RENDEZ-VOUS S'ÉTAIT BIEN PASSÉ ?
OUI.
ALORS ? TU LE TROUVES COMMENT ?
HUM HUM

HA HA ! DONC IL TE PLAÎT ?
MAIS NON.
POURQUOI TU NIES ? ÇA SE VOIT SUR TON VISAGE !
PAPA !
VOUS AVEZ PRÉVU DE VOUS REVOIR ?
OUI, IL A DIT QU'IL M'APPELLERAIT BIENTÔT.
TANT MIEUX, J'APPRÉCIE BEAUCOUP CE GARÇON.
JE LE TROUVE MATURE POUR SON ÂGE, SINCÈRE, MODESTE.
WIP
WIP

CONTINUEZ DE VOUS FRÉQUENTER.
ET ON POURRA BIENTÔT...
RENCONTRER SES PARENTS.
TOUT CE QUE JE VEUX, C'EST TON BONHEUR.
MERCI, PAPA.
À CE PROPOS...
LA PEINTURE DE GRAM.
TU VOIS DE QUOI IL S'AGIT ?

OUI, C'EST TA PEINTURE PRÉFÉRÉE.
VOILÀ...
POURQUOI IL ME PARLE DE ÇA ?
SI TU TE MARIES UN JOUR...
J'AIMERAIS L'OFFRIR À TON ÉPOUX EN GUISE DE CADEAU DE MARIAGE.
QUOI ?! LA PEINTURE DE GRAM ?
OUI, J'ESPÈRE QU'EN ÉCHANGE DE CE BIEN INESTIMABLE...
IL PRENDRA SOIN DE TOI ET T'AIMERA JUSQU'À LA FIN DE SES JOURS.

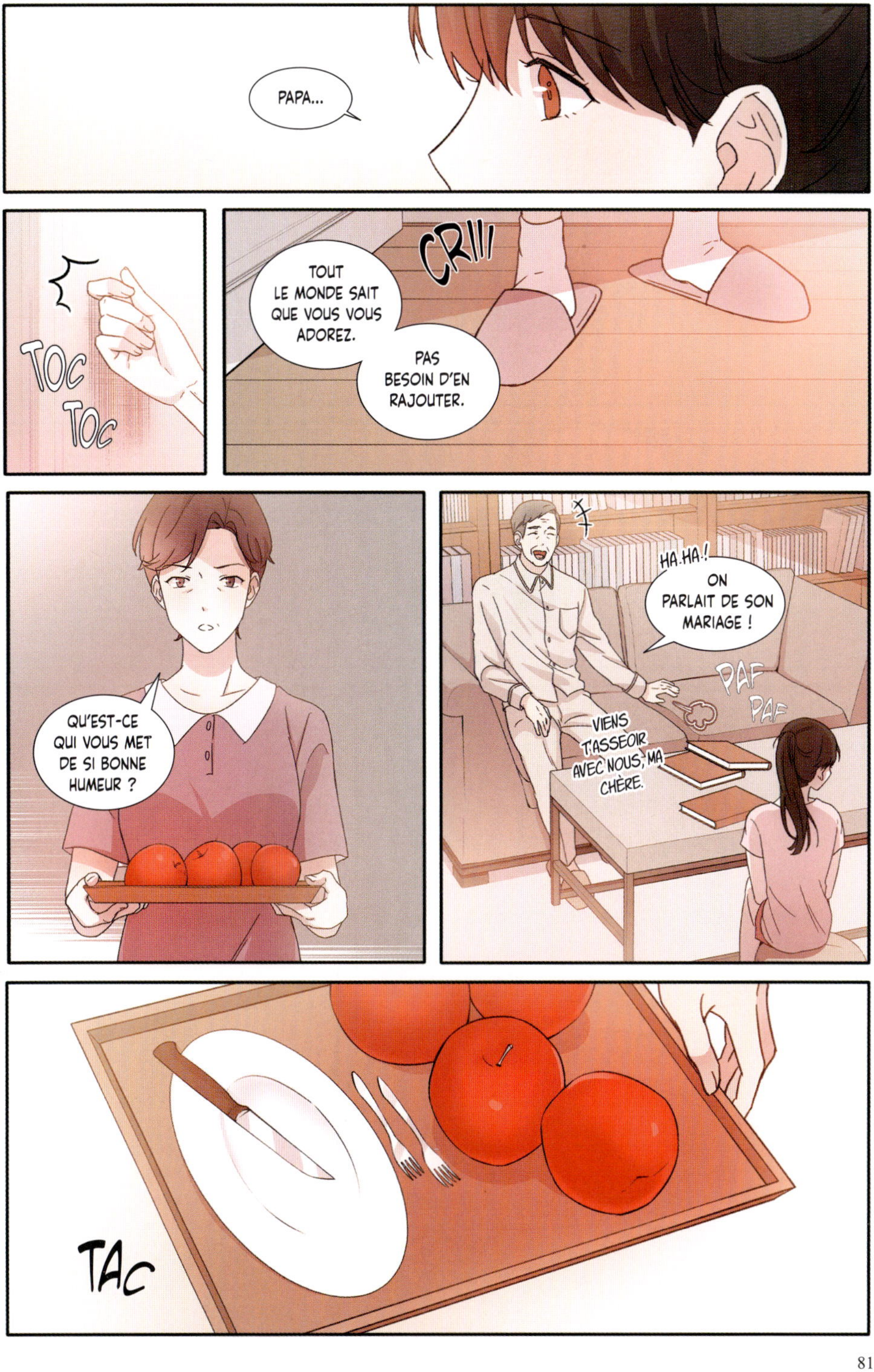
PAPA...
TOC
TOC
CRIII
TOUT LE MONDE SAIT QUE VOUS VOUS ADOREZ.
PAS BESOIN D'EN RAJOUTER.
QU'EST-CE QUI VOUS MET DE SI BONNE HUMEUR ?
HA HA !
ON PARLAIT DE SON MARIAGE !
PAF
PAF
VIENS T'ASSEOIR AVEC NOUS, MA CHÈRE.
TAC

CHÉRI…
TU COMPTES VRAIMENT LA MARIER ?
ELLE EST TROP JEUNE POUR ÇA !
ET POURQUOI PAS ?
NOUS AVONS LARGEMENT LES MOYENS.
ON NE POURRA PAS LA GARDER TOUTE NOTRE VIE.
TU AS PEUR QUE JE NE PUISSE PAS M'OCCUPER D'ELLE ?
TU PARLES SÉRIEUSEMENT ?
OUI, PERSONNE NE POURRA MIEUX S'EN CHARGER…
QUE SES PARENTS.
FRSH
FRSH
SURTOUT PAS CE BARBANT DIRECTEUR DES HÔTELS YUIL.
COMMENT ÇA, "BARBANT" ?

FRSH FRSH
EH BIEN...
IL EST PARFAIT SOUS TOUS RAPPORTS.
OR LES GENS DOIVENT AVOIR DES DÉFAUTS.
TAC
LÀ, ON DIRAIT PRESQUE UN TABLEAU.
HUM
AH BON ?
SI ÇA SE TROUVE, CE N'EST QU'UNE FAÇADE.
FRSH FRSH
ON NE SAIT PAS CE QU'IL CACHE À L'INTÉRIEUR.
C'EST SURTOUT ÇA, LE PROBLÈME.
FFT

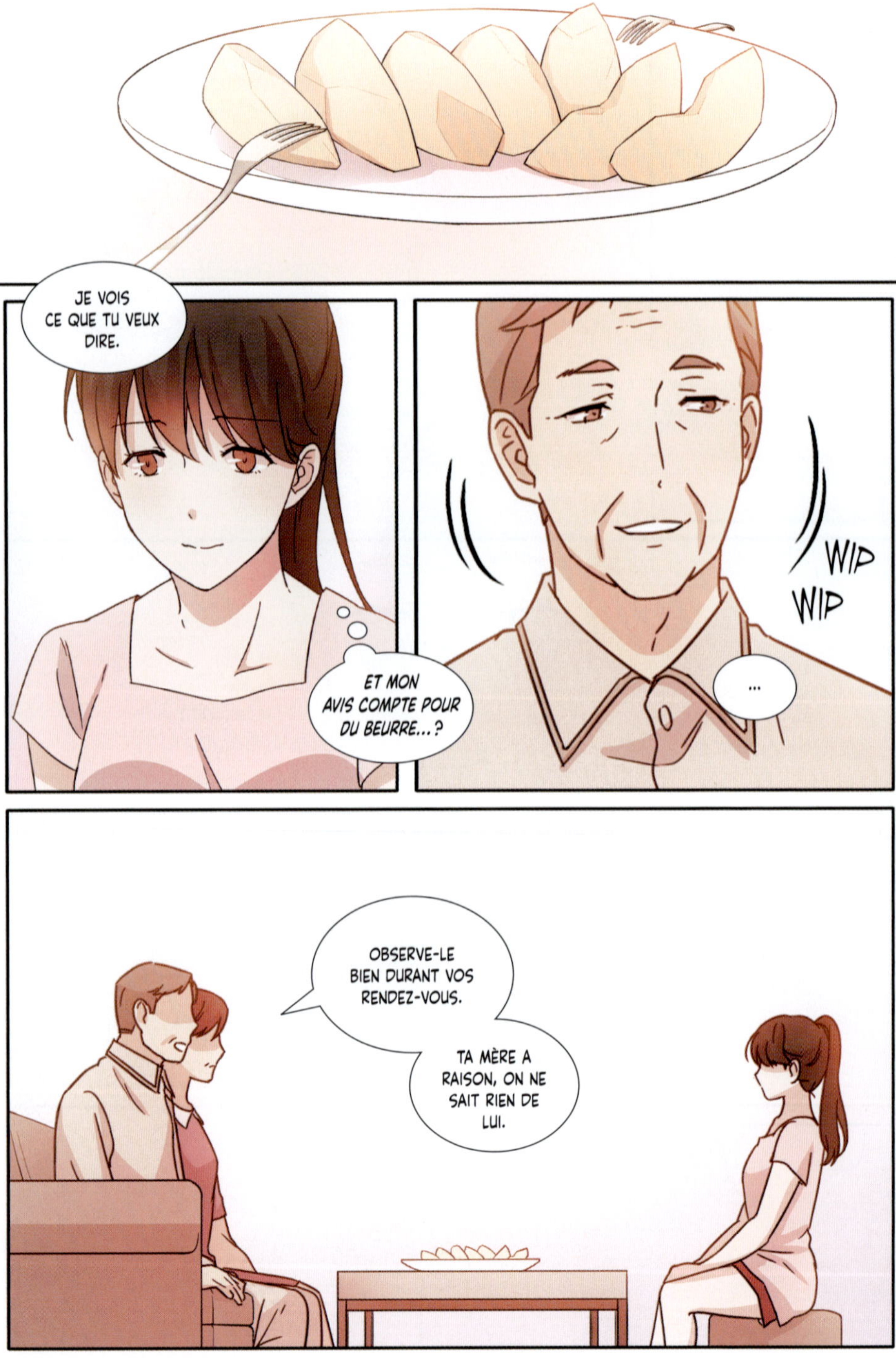
JE VOIS CE QUE TU VEUX DIRE.
ET MON AVIS COMPTE POUR DU BEURRE...?
WIP WIP
...
OBSERVE-LE BIEN DURANT VOS RENDEZ-VOUS.
TA MÈRE A RAISON, ON NE SAIT RIEN DE LUI.

D'ACCORD, JE M'EN SOUVIENDRAI.
AAH
LAISSONS TON PÈRE SE REPOSER.
OUI.

FRSH
BONNE NUIT, MON CHER.

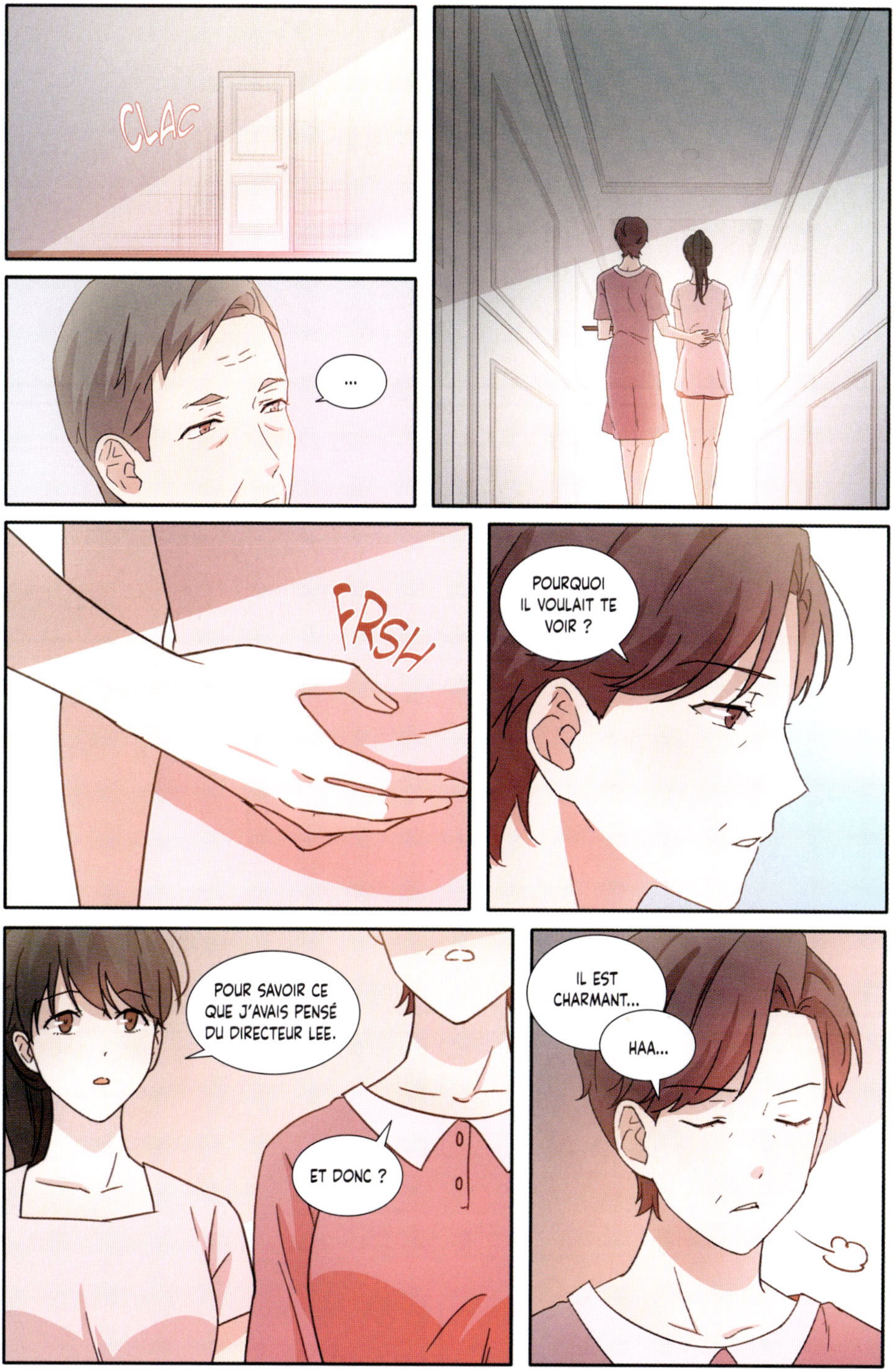
CLAC
...
FRSH
POURQUOI IL VOULAIT TE VOIR ?
POUR SAVOIR CE QUE J'AVAIS PENSÉ DU DIRECTEUR LEE.
ET DONC ?
IL EST CHARMANT...
HAA...

ELLE SOUPIRE ENCORE.
TENEZ, NETTOYEZ ÇA.
BIEN, MADAME.
ALLONS DANS LE SALON, SEONGJEONG.
J'AI QUELQUE CHOSE À TE DIRE.
D'ACCORD.
MÊME SI TU APPRÉCIES CE DIRECTEUR LEE, TU DOIS RESTER PUDIQUE.
TU COMPRENDS CE QUE JE VEUX DIRE ?
JE SUIS RESTÉE PUDIQUE...
IL N'Y A PAS PLUS DÉGRADANT QU'UNE FEMME QUI COURT APRÈS LES HOMMES.
COMBIEN DE FOIS JE VAIS DEVOIR TE LE RÉPÉTER ?

JE NE COURS PAS APRÈS LES HOMMES.
JAMAIS.
LES FEMMES DOIVENT AVOIR DE LA RETENUE.
NE TE COMPORTE PAS COMME UNE FILLE FACILE, CE N'EST PAS ÉLÉGANT.
TU RUINERAIS LA RÉPUTATION DE TON PÈRE ET DE TES FRÈRES.
POURQUOI ELLE ME PREND TOUJOURS POUR UNE FILLE FACILE ?
D'ACCORD...
VOUS AVEZ PARLÉ D'AUTRE CHOSE ?
NON.

AH, SI.
DE SA PEINTURE.
SA PEINTURE ?
LE GRAM.
POURQUOI ?
SI JE ME MARIE, IL VEUT L'OFFRIR À MON ÉPOUX.
VRAIMENT ?
OUI.
POURQUOI À SON GENDRE, ET PAS À SA FILLE ?
POUR QUE MON FUTUR ÉPOUX ME CHÉRISSE...
COMME IL CHÉRIT CETTE PEINTURE.

SEONGJEONG.
OUI, MAMAN.
TU ES UNE FILLE ADORABLE.
QUAND JE T'AI PRIS DANS MES BRAS LA PREMIÈRE FOIS...
J'AI ÉTÉ ÉBLOUIE PAR TA BEAUTÉ.
HEIN ?
TU AS TOUJOURS ÉTÉ SI GENTILLE.
COMMENT J'AURAIS PU TE DÉTESTER ?

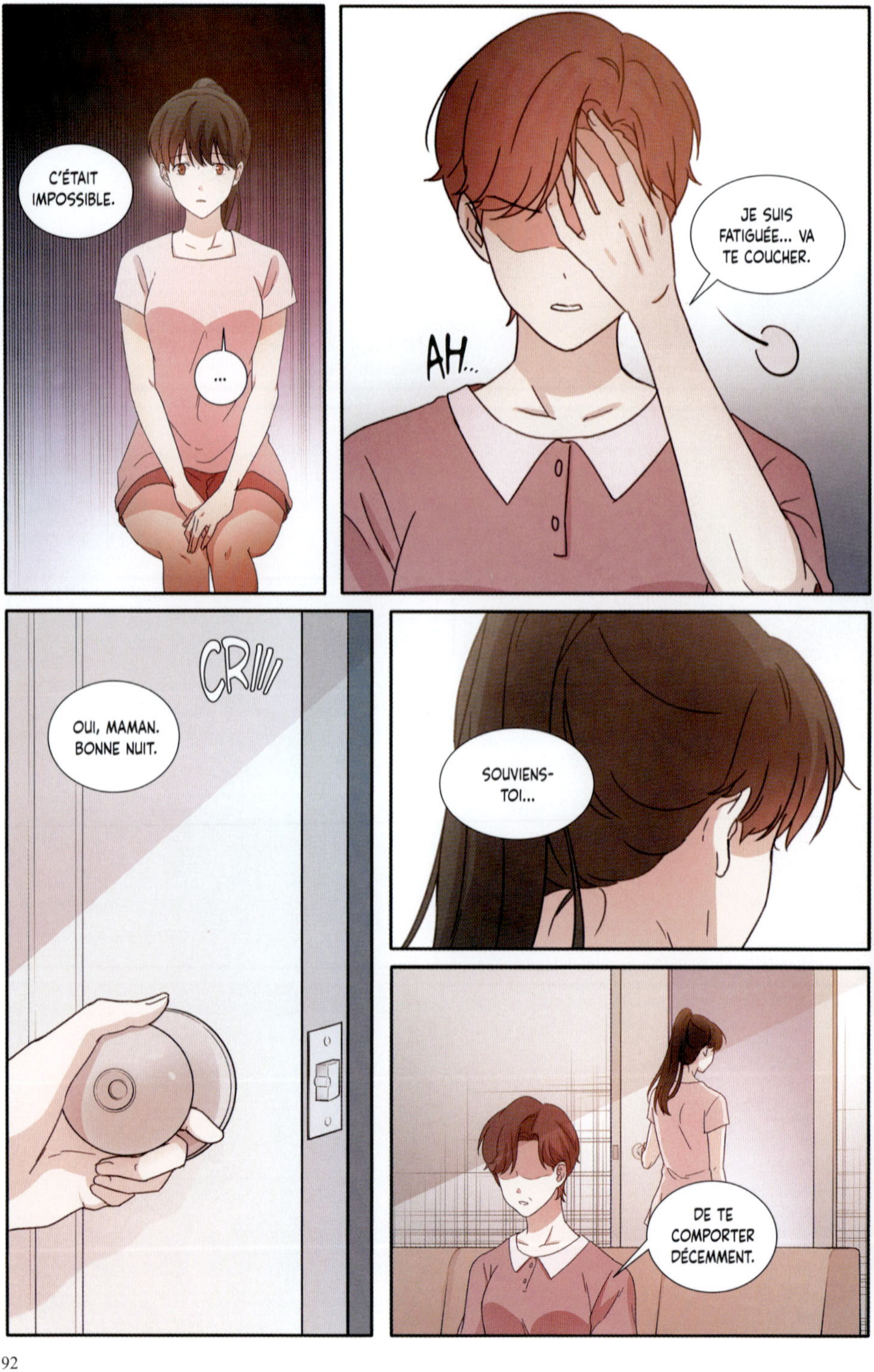
C'ÉTAIT IMPOSSIBLE.
...
AH...
JE SUIS FATIGUÉE... VA TE COUCHER.
CRIIII
OUI, MAMAN. BONNE NUIT.
SOUVIENS-TOI...
DE TE COMPORTER DÉCEMMENT.

SOIS SAGE, S'IL TE PLAÎT.
CLAC

CHAPITRE 6

23:20
PASSANT : IL EST PARTI OÙ, OUPS ? IL EN MET DU TEMPS.
RODOLPHE : IL EST PEUT-ÊTRE CONSTIPÉ.
GRAND_BÉBÉ : ÉRU10 DOIT ÊTRE EN TRAIN DE S'IMPATIENTER CHEZ LUI ! HA HA !
AUCUNE MANIÈRE, CE OUPS !
IL PART S'EN PRÉVENIR ALORS QU'ON ÉTAIT EN TRAIN DE DISCUTER.
TAP TAP

CLIC
JE FERAIS MIEUX DE M'ARRÊTER LÀ, MOI AUSSI.
DING
OUPS ! : DÉSOLÉ DE VOUS AVOIR FAIT ATTENDRE.
OUPS
ÉRU IO A FAILLI DÉPÉRIR EN T'ATTENDANT.
[RODOLPHE]
[APPRENTI-CHIRURGIEN]
[PASSANT]
TU FAISAIS QUOI ?
[MONSTRETTE]
OUPS
MA COPINE M'A APPELÉ, JE NE POUVAIS PAS RACCROCHER.
ARRÊTE, TU MENS !
[RODOLPHE]
IL EST L'HEURE DE PRENDRE TES MÉDICAMENTS.
[APPRENTI-CHIRURGIEN]

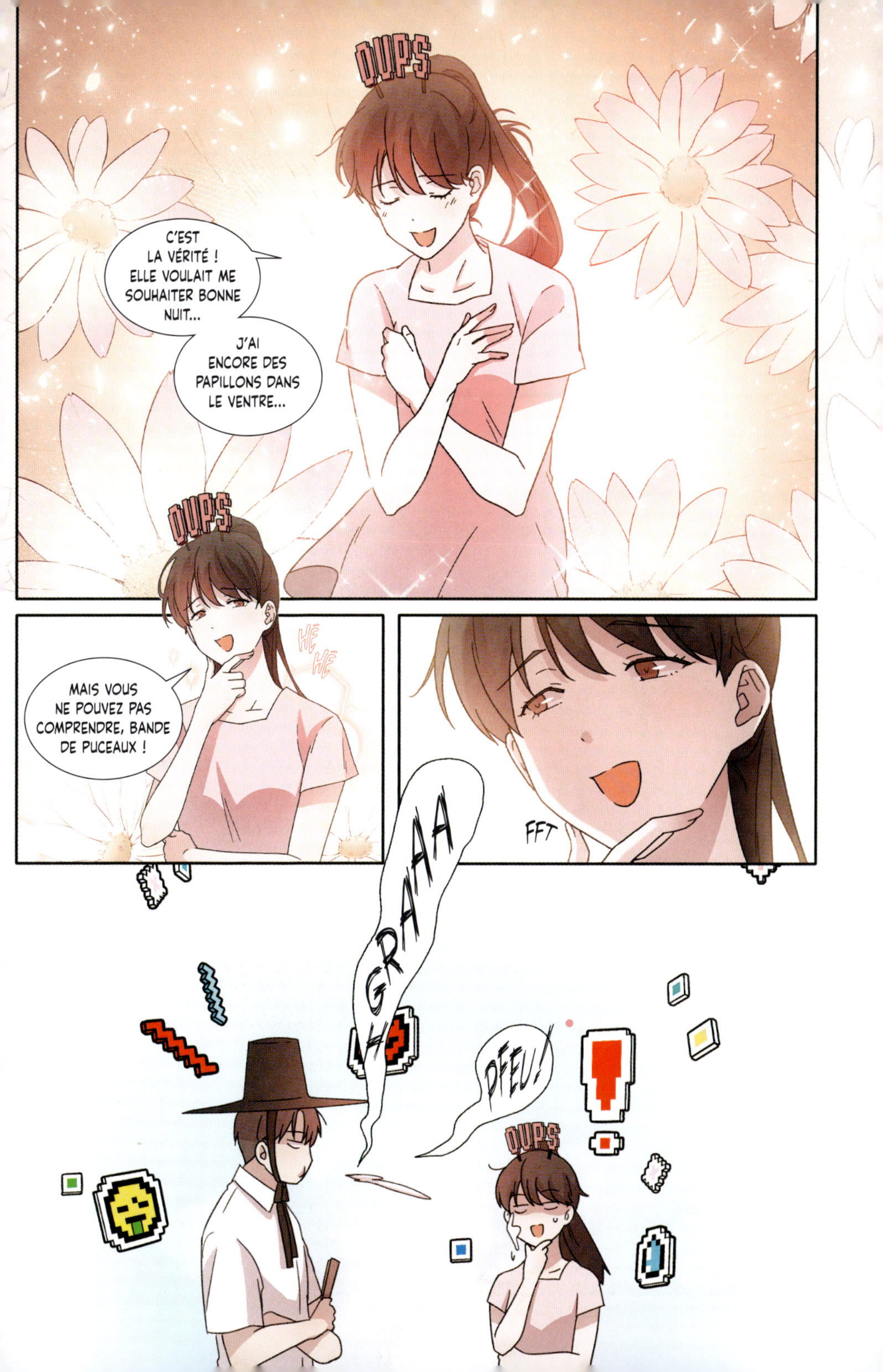
OUPS
C'EST LA VÉRITÉ ! ELLE VOULAIT ME SOUHAITER BONNE NUIT...
J'AI ENCORE DES PAPILLONS DANS LE VENTRE...
OUPS
HÉ HÉ
MAIS VOUS NE POUVEZ PAS COMPRENDRE, BANDE DE PUCEAUX !
FFT
GRAAAH
PFEU !
OUPS

C'EST QUOI, CETTE CHALEUR ?
FWIT
FWIT
AH...
Lounge Bar
Insomnia
OH ?
T'ES ENCORE VENUE AVEC TA VOITURE DE LOCATION ?
MEILLEURE AMIE DE SEONGJEONG DE-PUIS L'ÉCOLE PRIMAIRE, EUNHA JO

TA VOITURE N'EST TOUJOURS PAS RÉPARÉE ?
LA SEMAINE PROCHAINE, NORMALEMENT.
TOC
ELLE A REMPLI LES PAPIERS ?
PAS ENCORE.
QUOI ?
ELLE ESSAIE D'ESQUIVER.
CE N'EST PAS LA MER À BOIRE.
IL Y A JUSTE LE PARE-CHOC À CHANGER.
BLING
BLING
OUI ENFIN, C'EST QUAND MÊME UNE PORSCHE.
ELLE A NOTRE ÂGE, C'EST ÇA ?
TU VAS FAIRE COMMENT ?
HUM
RIEN, ELLE M'A EXPLIQUÉ SA SITUATION ET JE LA COMPRENDS.
ELLE M'A AUSSI APPELÉE PLUSIEURS FOIS POUR S'EXCUSER.

C'EST DU CINÉMA.
TAC
PEU IMPORTE...
JE ME DÉBROUILLERAI.
TU ES BEAUCOUP TROP GENTILLE.
ET TON ENTORSE AU POIGNET, ALORS ?
JE SUPPOSE QUE TU NE VAS RIEN DEMANDER POUR ÇA NON PLUS ?

TAC
AAARGH
FRSHH
BRR
BRR
OCCUPE-TOI D'ARRÊTER DE FUMER !
TU AS LES POUMONS SUFFISAMMENT FRAGILES COMME ÇA !
DONC IL EST BEAU, GENTIL ET GALANT.
IL T'A MÊME RAPPELÉE POUR VÉRIFIER SI TU ÉTAIS BIEN RENTRÉE.
C'EST BON SIGNE, ÇA VEUT DIRE QU'IL EST INTÉRESSÉ...
POURQUOI TU AS L'AIR CONTRARIÉE ?
ZIEUTE
...
DIS...
ELLE PARLE ENFIN.
SI UNE PERSONNE DÉCOUVRE QU'ON S'EST SERVIE D'ELLE...
ELLE AURA DE LA PEINE ?

DE QUOI TU PARLES ?
SI JAMAIS...
JE VENAIS TE VOIR DANS LE BUT D'OBTENIR UN DÎNER GRATUIT.
ÇA TE FERAIT QUOI DE L'APPRENDRE ?
RIEN, JE T'OFFRIRAIS LE REPAS.
ON EST MEILLEURES AMIES, APRÈS TOUT.
HUM
MAIS SI C'ÉTAIT UN INCONNU, JE ME SENTIRAIS PEUT-ÊTRE TRAHIE.

C'EST BIEN CE QUI ME SEMBLAIT.
AH LÀ LÀ ! MAIS DIS-MOI CE QUI SE PASSE !
JE VAIS ME MARIER.
QUOI ?

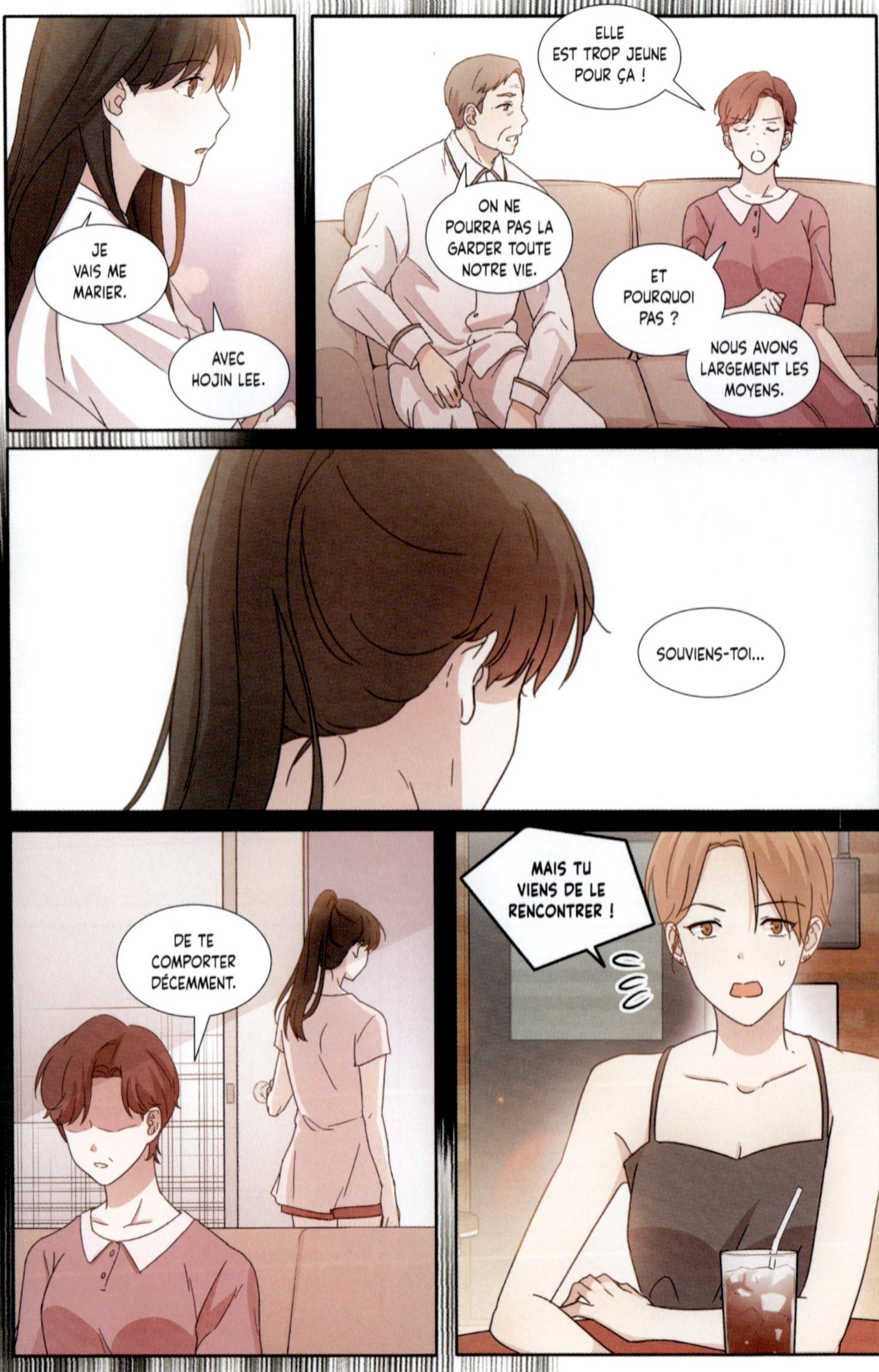

JE VAIS ME MARIER.
AVEC HOJIN LEE.
ELLE EST TROP JEUNE POUR ÇA !
ON NE POURRA PAS LA GARDER TOUTE NOTRE VIE.
ET POURQUOI PAS ?
NOUS AVONS LARGEMENT LES MOYENS.
SOUVIENS-TOI...
DE TE COMPORTER DÉCEMMENT.
MAIS TU VIENS DE LE RENCONTRER !

JE NE PEUX PAS ÉPOUSER N'IMPORTE QUI.
MON MARI DOIT ÊTRE PARFAIT DANS TOUS LES ASPECTS DE SA VIE.
craft beer for the people
QB
QB
IL SE TROUVE QUE HOJIN LEE COCHE TOUTES LES CASES.
L'ÉPOUSER NE POURRA M'ÊTRE QUE BÉNÉFIQUE.
DONC C'EST CE QUE JE VAIS FAIRE.
JE NE SAVAIS PAS QUE TU ÉTAIS AUSSI CALCULATRICE EN AMOUR.
QUAND TU AS DEMANDÉ À TON PÈRE DE LE RENCONTRER...
ÇA FAISAIT PARTIE DE TON PLAN ?
OUI, IL Y AVAIT CINQ AUTRES CANDIDATS.
CINQ CANDIDATS
MAIS AUCUN N'ÉTAIT AUSSI IMPLIQUÉ DANS LEUR VIE PROFESSIONNELLE.
TU AS MENÉ UNE ENQUÊTE ?
ÉVIDEMMENT !

HA
HA
BRR
BRR
C'EST VRAI QUE CE SERA TON PARTENAIRE POUR LA VIE.
AUTANT QU'IL REMPLISSE TOUS TES CRITÈRES.
C'EST POUR ÇA QUE JE ME SENS DÉSOLÉE POUR LUI...
AH...
POURQUOI ? TOI AUSSI, TU ES UN BON PARTI.
EN FAIT, JE N'AI PAS L'INTENTION...
DE RESTER AVEC LUI.
HEIN ?
DOUUUM
?!
ATTENDS...
JE NE COMPRENDS RIEN DE CE QUE TU RACONTES.

COMMENT ÇA, TU COMPTES LE QUITTER ?
SI ÇA CONTINUE, JE VAIS SUFFOQUER.
JE N'EN PEUX PLUS DE DEVOIR TOUJOURS JOUER LA GENTILLE FILLE POUR MA FAMILLE.
DE TOUJOURS ÊTRE...
COMPORTE-TOI DÉCEMMENT.
DÉCENTE.
...
UNE FOIS QUE JE SERAI MARIÉE, JE POURRAI FAIRE CE QUE JE VEUX...
HÉ HÉ HÉ
JE DEVIENDRAI LA PLUS ENQUIQUINEUSE DES FEMMES.
ET MON DIVORCE FERA UN SCANDALE.
POUR BIEN EMBÊTER MES PARENTS ET MES FRÈRES !

PFFFT !
HA HA HA HA HA HA HA HA HA HA HA HA HA HA
POURQUOI TU RIS ?
HA HA,
POUR RIEN... DÉSOLÉE...
HA HA HA
HA HA HA
AH ! MON VENTRE !
HA HA HA
SAGE COMME ELLE EST, ÇA M'ÉTONNERAIT.
ELLE N'A PAS CONSCIENCE DE SES QUALITÉS.
HA HA HA
MAIS ARRÊTE DE RIRE !
D'ACCORD, ALORS BON COURAGE DANS TES PLANS !
TU VAS VOIR CE QUE TU VAS VOIR !
PAF
OUI, OUI.

QUAND EST-CE QU'ELLE EST DEVENUE AUSSI AUDACIEUSE ?
C'EST À CAUSE DE SON SITE, "VIE EN PANNE" ?
SEONGJEONG.
TU VAS TOUJOURS SUR INTERNET ?
HEIN ?
BAH, TU SAIS, TON DRÔLE DE FORUM.
OUI, POURQUOI ? TU VEUX NOUS REJOINDRE ?
JAMAIS.
GWOOOOO
JE ME DEMANDAIS JUSTE...
TU TE DISPUTAIS TOUJOURS AVEC TON ÉRUDIT ?
HEIN ?

ALORS C'EST ÇA QUE SON PSEUDO VOULAIT DIRE...
JE N'AVAIS JAMAIS FAIT LE LIEN.
OUAH!
ON EN APPREND TOUS LES JOURS.

...
PFF
IL SERAIT TEMPS QUE TU QUITTES CE FORUM SI TU VEUX TE MARIER.

CHAPITRE 7

VENTE DE CHARITÉ CONTRE LA MALNUTRITION INFANTILE
JE SUIS SÛR QUE GRÂCE À LA DÉTERMINATION DE TOUT LE MONDE AUJOURD'HUI...
VENTE DE CHARITÉ CONTRE LA MALNUTRITION INFANTILE
NOS EFFORTS FINIRONT PAR PORTER LEURS FRUITS.
JE TERMINERAI MON DISCOURS SUR CES MOTS DE FÉLICITATIONS.
QU'IL EST BEAU !
SA VOIX ME FAIT FONDRE.
ON A BIEN FAIT DE VENIR !

PARDONNEZ-MOI...
SI JE VOUS AI ENNUYÉ AVEC MON LONG DISCOURS.
PROMIS, JE NE VOUS DÉRANGERAI PLUS.
HA
HA
HA
HA
HA
BROUHAHA
BROUHAHA
BLING
HÉ HÉ
BLING
REGARDEZ-MOI CE SOURIRE !
OUAAAAHH
PREMIER RANG REMPLI DE DEMOISELLES
VOUS ÊTES TOUJOURS AUSSI ÉLOQUENT.
BRAVO !
FWIT
DIRE QUE VOUS AVEZ TROUVÉ QUOI DIRE SANS PRÉPARATION.

IL N'Y A RIEN D'ÉTONNANT, CE N'EST PAS LA PREMIÈRE FOIS.
BAISSE CE POUCE...
C'EST VRAI, MAIS ÇA M'IMPRESSIONNE TOUJOURS AUTANT.
FFT
FFT
VOUS ÊTES UN GÉNIE, MONSIEUR !
JE SAIS.
LE VICE-PRÉSIDENT EST OÙ ?
SA SECRÉTAIRE M'A CONTACTÉ TOUT À L'HEURE.
ILS SERONT EN RETARD À CAUSE DES EMBOUTEILLAGES.
TOUT LE MONDE CONNAÎT L'ÉTAT DU TRAFIC À CETTE HEURE-CI.
QU'EST-CE QU'IL MIJOTE ENCORE CE YEONGJUN ?
AH...
ILS AURAIENT DÛ PRÉVOIR ET PARTIR PLUS TÔT.
GRR
GRR
COMMENT OSENT-ILS VOUS FAIRE ATTENDRE ?
EXACTE-MENT !
JE SENS QUE JE VAIS PERDRE PATIENCE.
GRRR
ZIEUTE
IL EST CONTRARIÉ DÈS QU'IL S'AGIT DU VICE-PRÉSIDENT.

TAP
TAP
FRSH
COMMENT ALLEZ-VOUS, MONSIEUR LEE ?
...
C'EST QUI ?
EUH, ÇA VA.
AH OUI...
UN GROUPE DE K-POP A RÉCEMMENT A ORGANISÉ UNE RENCONTRE AVEC DES FANS DANS NOTRE HÔTEL.
ÇA DOIT ÊTRE UNE DES MEMBRES.
HA HA
TOUT LE MONDE A ADORÉ LES PÂTISSERIES QUE VOUS NOUS AVEZ OFFERTES LA DERNIÈRE FOIS.
ENCORE MERCI !
OH LÀ LÀ !
C'EST QUI DÉJÀ ?

DE RIEN, MERCI À VOUS D'AVOIR ÉTÉ NOS CLIENTS.
JE SUIS CONTENT QUE LES PÂTISSERIES VOUS AIENT PLU.
LES HÔTELS YUIL SONT À LA HAUTEUR DE LEUR RÉPUTATION.
ON Y SÉJOURNE SOUVENT EN TOURNÉE.
BLING
VOUS M'EN VOYEZ RAVI.
BLUSH
EUH...
JE ME DEMANDAIS...

TAP
TAP
TAP
TAP
TAP
VOUS FAITES QUOI CE WEEK-END ?
?
!
AH...
IL EST ARRIVÉ.
BONJOUR, MONSIEUR LE VICE-PRÉSIDENT !
REGARDE-MOI CETTE ESCORTE.
IL SE PREND VRAIMENT POUR UNE STAR.

ARGH, ÇA M'ÉNERVE ! SI ON POUVAIT MESURER LE DEGRÉ DE MESQUINERIE...
IL SERAIT CHAMPION DU MONDE !
Happy Birthday
HOJIN.
AUJOURD'HUI, C'EST TA JOURNÉE ALORS FAIS-TOI PLAISIR.

MERCI, GOUVERNANTE.
LES ENFANTS M'APPELLENT PAR MON PRÉNOM.
JE SAIS, GOUVERNANTE.
MAIS JE SUIS UN ADULTE MAINTENANT.
CE GAMIN DE 7 ANS VA M'APPELER COMME ÇA ENCORE LONGTEMPS ?
C'EST BIEN PARCE QUE JE SUIS PAYÉE...
MAIS... TU AS UNE PETITE MINE.
NE ME DIS PAS QUE...
NON, JE NE ME SUIS PAS ENTRAÎNÉ AU VIOLON TOUTE LA NUIT POUR IMPRESSIONNER LES INVITÉS !
FWIT FWIT
ÇA RESTE UN ENFANT...

COMME UNE FÊTE D'ANNIVERSAIRE N'ARRIVE QU'UNE SEULE FOIS PAR AN...
BRAVO !
QU'IL EST DOUÉ !
REGARDEZ HOJIN !
VOTRE FILS EST UN GÉNIE.
JE VOULAIS QU'ON ME COMPLIMENTE.
JE ME SUIS ENTRAÎNÉ TOUTE LA NUIT POUR JOUER *GAVOTTE* DE MIGNON.
AUCUN ENFANT DE MON ÉCOLE N'EN ÉTAIT CAPABLE.

MAIS...
MAIS !
YEONGJUN A JOUÉ UN MORCEAU ENCORE PLUS DIFFICILE QUE LE MIEN !
CLAP
CLAP
CLAP
CLAP
CLAP
CLAP
CLAP

BRAVO !
CLAP
CLAP
CLAP
C'EST INCROYABLE !
CLAP
CLAP
COMMENT UN GARÇON SI JEUNE PEUT ÊTRE AUSSI DOUÉ ?
JE DONNERAIS TOUT POUR AVOIR UN FILS PAREIL.
SES PARENTS DOIVENT ÊTRE TELLEMENT FIERS DE LUI.
QUEL PRODIGE.
...
OH !

HOJIN ! JOYEUX ANNIVERSAIRE !
AH... QUE FAIRE ?
OH, HOJIN ! TU JOUES DU VIOLON, TOI AUSSI ?
VAS-Y, JOUE-NOUS QUELQUE CHOSE !
HUM
MON FILS !
MONTRE-NOUS LE JOLI MORCEAU QUE TU AS PRÉPARÉ.

TAC
ILS VONT SE MOQUER DE MOI !
NON, JE NE VEUX PAS.

POURQUOI ?
TU AS PEUR ?
NON.
ALORS IL FAUT ESSAYER.
TU NE T'ES PAS ENTRAÎNÉ POUR RIEN.
JE NE ME SUIS PAS ENTRAÎNÉ.
J'AIME PAS ÇA...
JE L'AI PRIS AU CAS OÙ JE M'ENNUIERAIS.
LE VIOLON !

HOJIN !
TU PLEURES ?
OH !
HEIN-?
TU PLEURES VRAIMENT !
QU'EST-CE QUI SE PASSE ?
HEIN ?
Happy Birthday
POURQUOI JE PLEURE ?
C'ÉTAIT MON ANNIVERSAIRE.
MA JOURNÉE À MOI.
Happy Birthday
ALORS POURQUOI...

BROUHAHA
BROUHAHA
EUH...
GNIP
ANGE GARDIEN
VOUS ÊTES BIEN LE DIRECTEUR LEE ?
ANGE GARDIEN

CHAPITRE 8

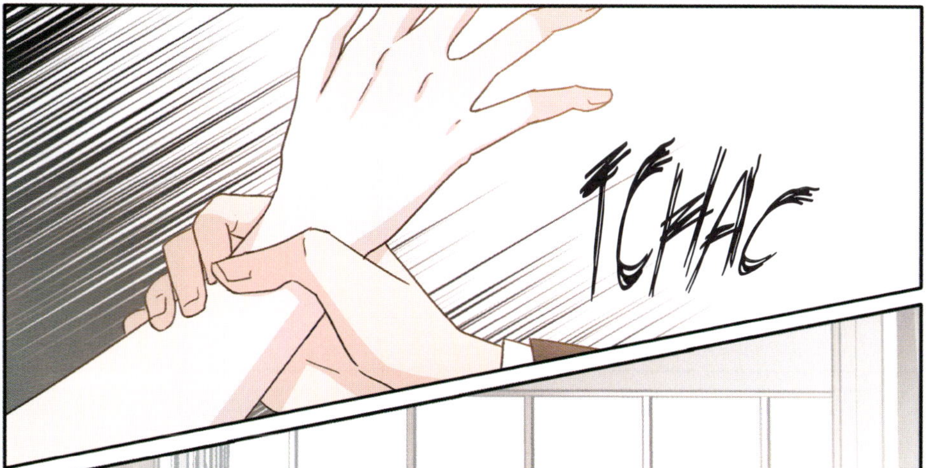
TCHAC

AÏE !
VOUS ME FAITES MAL !

C'EST QUI, CET OURS ?
AÏE AÏE
ANGE GARDIEN
SI VOUS AVEZ QUELQUE CHOSE À LUI DIRE, C'EST À MOI QU'IL FAUT S'ADRESSER.
AH !
IL FAIT PEUR !
AH, JE NE SAVAIS PAS...
ANGE GARDIEN
HEIN ?
PAS BESOIN D'ÊTRE IMPOLI COMME ÇA.
MAIS MONSIEUR...

J'AURAIS DÛ ÉCOUTER LA DIRECTRICE...
ET RESTER AU STAND...
PLUS TÔT
YERIM, JE COMPTE SUR TOI !
VITE !
JE VAIS ACCOUCHER !
RESTE AU STAND ET NE CAUSE PAS DE PROBLÈME !
NE T'INQUIÈTE PAS.
MAIS...
GRRR
JE TE SURVEILLE.
OUH LÀ !
FWIP
C'EST BIEN MOI, HOJIN LEE, DES HÔTELS YUIL.
QUE PUIS-JE FAIRE POUR VOUS ?

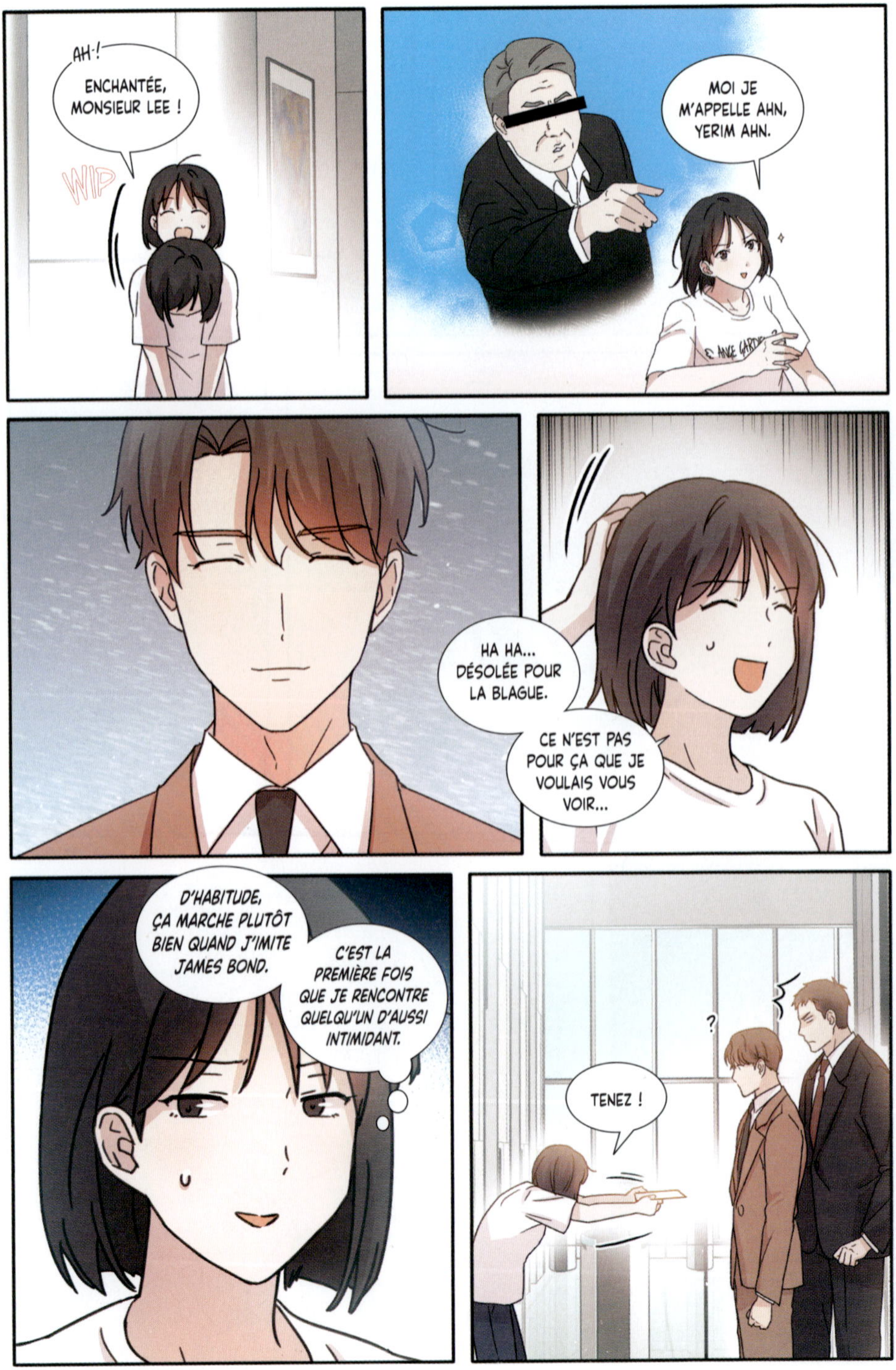
AH !
ENCHANTÉE, MONSIEUR LEE !
WIP
MOI JE M'APPELLE AHN, YERIM AHN.
HA HA... DÉSOLÉE POUR LA BLAGUE.
CE N'EST PAS POUR ÇA QUE JE VOULAIS VOUS VOIR...
D'HABITUDE, ÇA MARCHE PLUTÔT BIEN QUAND J'IMITE JAMES BOND.
C'EST LA PREMIÈRE FOIS QUE JE RENCONTRE QUELQU'UN D'AUSSI INTIMIDANT.
?
TENEZ !

...
VOUS ÊTES UNE BIENFAITRICE.
EN QUOI PUIS-JE VOUS AIDER ?
OUF, UNE RÉACTION POSITIVE !
EUH...
NOTRE ASSOCIATION N'A PLUS TROP LES MOYENS.
C'EST ASSEZ DIFFICILE POUR NOUS EN CE MOMENT.
LA POULE AUX ŒUFS D'OR QUI NOUS FINANÇAIT...
OUPS
ENFIN, CE N'EST PAS CE QUE JE VOULAIS DIRE !
ANGE GARDIEN

SÉRIEUSE...
ANGE GARDIEN
NOTRE SPONSOR A RENCONTRÉ DES DIFFICULTÉS...
CE QUI COMPLIQUE LES CHOSES POUR NOUS...
JE VOIS...
ZIEUTE
ZIEUTE

EXCUSEZ-MOI, J'AIMERAIS PASSER.
POF
YERIM AHN, C'EST ÇA ?
JE NE PEUX PAS DISCUTER POUR LE MOMENT.
?
PRESSÉ
MAIS JE POURRAIS ME LIBÉRER UN AUTRE JOUR SI VOUS VOULEZ.
JE NE VOUS AI PAS ENCORE DIT POURQUOI...
SECRÉTAIRE JI, DONNE-MOI UNE CARTE.
OUI, TENEZ.
VOILÀ MA CARTE DE VISITE.
HOJIN LEE
C'EST UNE LIGNE DIRECTE VERS MON SECRÉTARIAT.
JE SUIS LIBRE LE MARDI APRÈS-MIDI, DONC APPELEZ-MOI À CE MOMENT-LÀ.
NOUS POURRONS PRENDRE NOTRE TEMPS POUR PARLER.

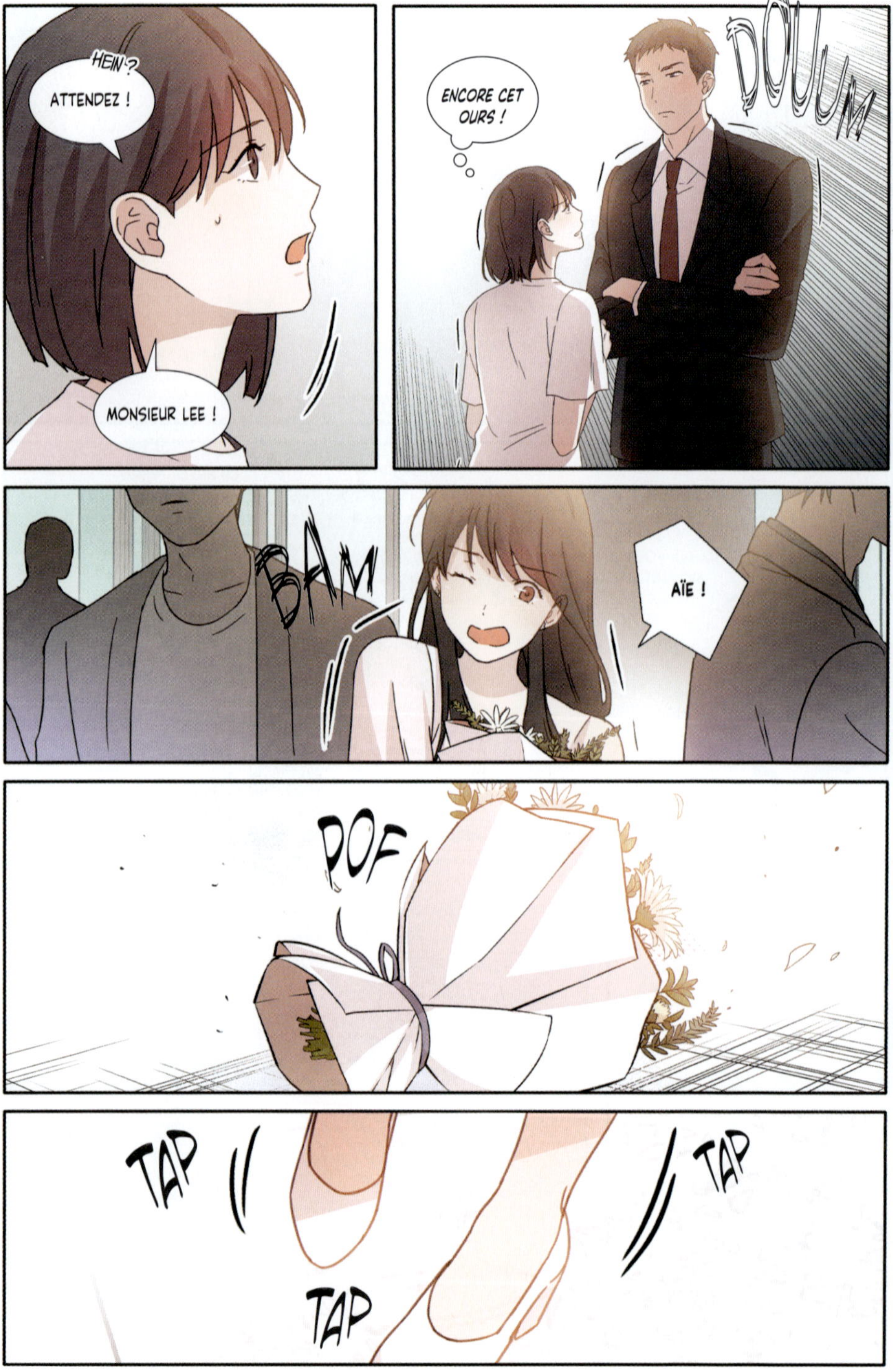
HEIN ?
ATTENDEZ !
MONSIEUR LEE !
ENCORE CET OURS !
DOUUM
BAM
AÏE !
POF
TAP
TAP
TAP

ZUT, JE VAIS TOMBER !
FSHHH

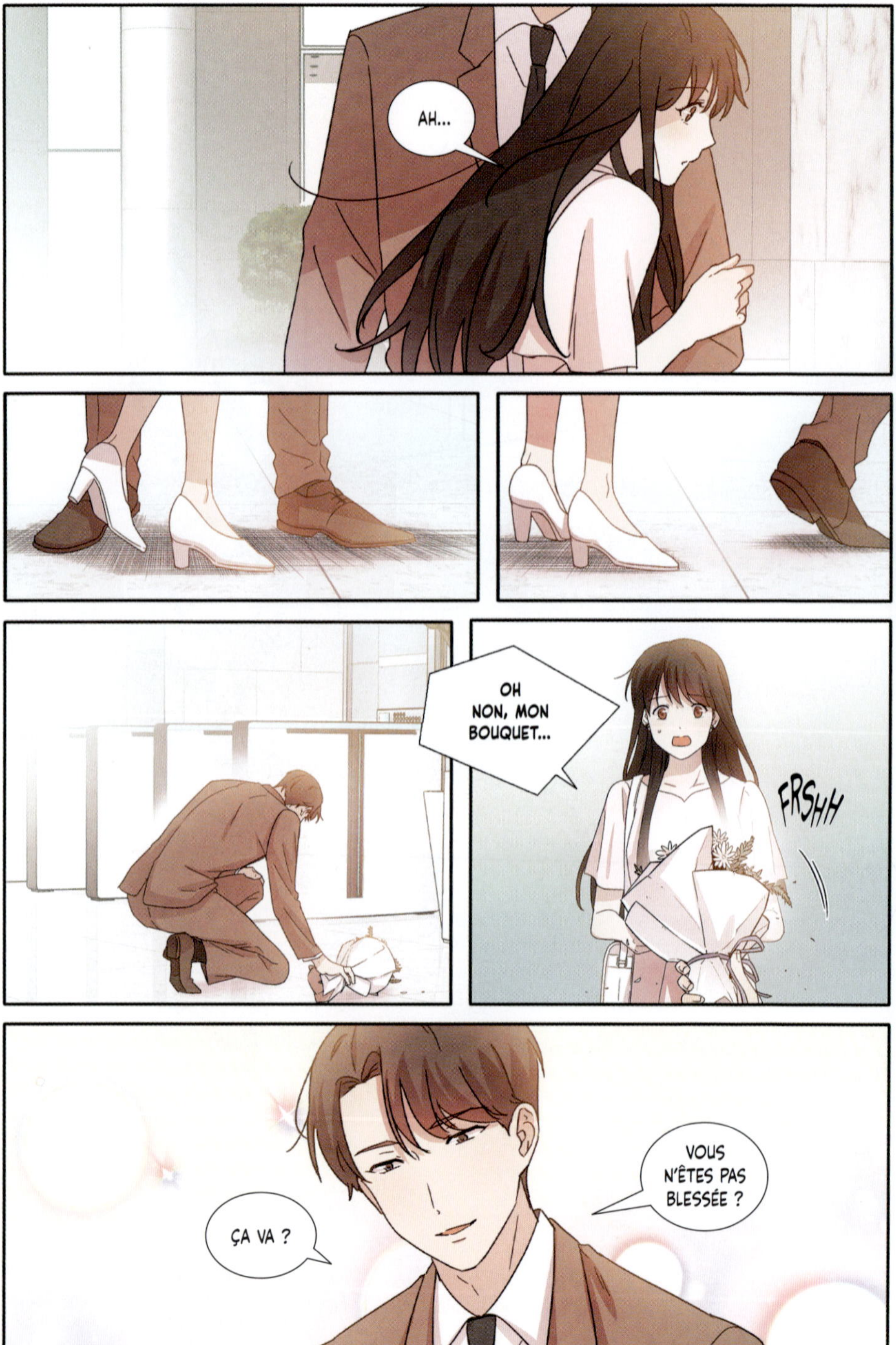
AH...
OH NON, MON BOUQUET...
FRSHH
ÇA VA ?
VOUS N'ÊTES PAS BLESSÉE ?

NON, GRÂCE À VOUS.
IL VOUS A POUSSÉE FORT...
FWIT
VOUS ÊTES SÛRE ?
FWIT
HA HA !
TOUT VA BIEN.
NON, J'ÉTAIS DANS LE COIN POUR L'ANNIVERSAIRE D'UNE AMIE.
VOUS VENEZ POUR LA VENTE DE CHARITÉ ?
MAIS J'AI VU L'AFFICHE EN SORTANT DU RESTAURANT.
DU COUP, JE SUIS VENUE JETER UN COUP D'ŒIL ET JE VOUS AI VU...
VOUS AURIEZ DÛ M'APPELER, JE SERAIS VENU VOUS RETROUVER.
EN FAIT...
COMME JE VENAIS LES MAINS VIDES, JE VOULAIS D'ABORD VOUS ACHETER QUELQUE CHOSE.
MA SURPRISE EST RATÉE, MAIS BON...

OH... C'EST POUR MOI ?
OUI.
POUR VOUS FÉLICITER.
VOUS ÊTES LA STAR DE LA JOURNÉE.
JE ME SUIS DIT QU'UN BOUQUET DE FLEURS VOUS FERAIT PLAISIR.
DITES-MOI LA PROCHAINE FOIS...
QUE VOUS ORGANISEZ UN ÉVÉNEMENT.
JE POURRAIS PEUT-ÊTRE VOUS AIDER...

DÉSOLÉ DE NE PAS VOUS AVOIR PRÉVENUE.
JE NE VOULAIS PAS VOUS DÉRANGER.
CE N'ÉTAIT PAS UN REPROCHE.
HA HA
JE SAIS.
J'AI COMPRIS CE QUE VOUS VOULIEZ DIRE.
JE NE PENSAIS PAS QU'IL Y AURAIT AUTANT DE MONDE.
IL VAUDRAIT MIEUX QUE JE REPASSE UN PEU PLUS TARD.
FWIP
VOUS ÊTES SÛRE ?

OUI...
VOUS AVEZ SÛREMENT PLEIN D'INVITÉS À SALUER.
NE VOUS INQUIÉTEZ PAS POUR MOI.
D'ACCORD.
AH OUI.
VOUS N'AVEZ PAS OUBLIÉ QU'ON DEVAIT SE REVOIR ?
ÉVIDEMMENT. CONTACTEZ-MOI DÈS QUE VOUS AVEZ DU TEMPS.
JE VOUS INVITERAI DANS UN BON RESTAURANT.
NON, C'EST MOI QUI INVITE LA PROCHAINE FOIS !
JE NE PEUX PAS VOUS LAISSER PAYER.
PFF
SINON, JE NE VIENDRAI PAS.
PUISQUE VOUS INSISTEZ ALORS.
BON, J'Y VAIS MAINTENANT.

À LA PROCHAINE !
TAP TAP
ATTENDEZ, SEONGJEONG !
OUI ?

IL FAIT CHAUD AUJOURD'HUI, ÇA VOUS DIT D'ALLER MANGER UNE GLACE ?
BABOUM
BABOUM

IL EST PROCHE...
AVEC PLAISIR. QUAND ÇA ?
MAINTENANT.

CHAPITRE 9

VOUS N'AUREZ PAS DE PROBLÈME EN PARTANT SANS PRÉVENIR ?
HA HA
NE VOUS INQUIÉTEZ PAS. SÉCHER, C'EST MA SPÉCIALITÉ.
J'EN DOUTE FORT.
VOUS NE ME CROYEZ PAS ?
J'AI ENTENDU BEAUCOUP DE BIEN DE VOUS.
VOUS SAVEZ CE QU'ON DIT LE PLUS ?
DITES-MOI.
QUE VOUS ÊTES QUELQU'UN DE SÉRIEUX.
HUM
N'EST-CE PAS UNE AUTRE MANIÈRE DE DIRE QUE JE SUIS ENNUYEUX ?

QUOI-?
MAIS PAS DU TOUT !
C'EST UNE QUALITÉ, D'ÊTRE SÉRIEUX.
...
ON DIT QUE TOUT EST POSSIBLE QUAND ON SE DONNE SUFFISAMMENT DE PEINE.
MAIS POUR ÇA, IL FAUT DE LA RIGUEUR ET TOUT LE MONDE N'EN A PAS.
MENU
FFT
D'AILLEURS...

*NDT : ENVIRON 25 EUROS.

STOP
...
BLUSH
BLUSH
TOC
QU'EST-CE QU'IL Y A ?
QUELLE SOTTE...
J'AI OUBLIÉ QU'ON ÉTAIT DANS VOTRE HÔTEL.
BLUSH

[HOJIN À L'INTÉRIEUR]
EN PLUS, ELLE EST TROP MIGNONNE !
HA HA...
VOUS ÊTES ADORABLE, SEONGJEONG.
MERCI.
ZIEUTE
PLUS JE LE VOIS, PLUS JE LE TROUVE IDÉAL...
POUR UN DIVORCE.
CET HOMME EST IRRÉPROCHABLE, AIMÉ DE TOUS.
IL SERA UNE FIERTÉ POUR MES PARENTS.
C'EST L'HOMME PARFAIT.

ILS ONT ÉTÉ GÉNÉREUX AVEC LES MANGUES.
FRSH
FRSH
JE DOIS À TOUT PRIX L'ÉPOUSER !
OH, IL EST DÉJÀ TARD.
AH OUI, ON DEVRAIT Y ALLER.
HA HA
DÉCIDÉMENT, JE NE VOIS PAS LE TEMPS PASSER AVEC VOUS.
TELLEMENT MIELLEUX.
ÇA FAIT DÉJÀ UNE HEURE ET DEMIE QU'ON EST ENSEMBLE.
JE DOIS VOUS AVOUER QUE C'EST LA PREMIÈRE FOIS QUE JE SÈCHE LE TRAVAIL.
OH... VRAIMENT ?
JE SUIS DÉSOLÉE.
MAIS NON, C'EST UN HONNEUR.
COMMENT ÇA ?

DE PARTAGER AVEC VOUS...
MA PREMIÈRE FOIS.
...
GRAAAC
J'EN SUIS HONORÉE.
HA HA...
GLOUPS
JE N'AURAIS PAS DÛ ALLER AUSSI LOIN...
SNIF
IL M'A DONNÉ LA CHAIR DE POULE...
BRR
BRR
FWIT
NON, LAISSEZ-MOI !
CE N'EST PAS GRAND-CHOSE...
MAIS C'EST VOUS QUI AVEZ PAYÉ LA DERNIÈRE FOIS !

HA HA
DANS CE CAS-LÀ...
INVITEZ-MOI À DÎNER CE DIMANCHE SI VOUS ÊTES LIBRE.
MONSIEUR LEE ?!
HUM ?
JE VOUS AI CHERCHÉ PARTOUT !

MAIS OÙ LE DIRECTEUR DES LIEUX AVAIT-IL DONC DISPARU ?
C'EST DRÔLE QUE TU DISES ÇA, PARCE QUE...
J'AI ENVOYÉ MA SECRÉTAIRE ME CHERCHER À BOIRE AU RESTAURANT DE L'HÔTEL.
JE SUIS TRÈS DEMANDÉ, TU SAIS ?
ÇA N'ARRÊTE JAMAIS.
AH OUI ?

OH !
ÇA LE FAIT RÉAGIR ?
C'ÉTAIT QUI ? TA COPINE ?
FFT
ALORS ?
ON DIRAIT QUE...

TU N'ES PLUS AUSSI OCCUPÉ QU'AVANT, MONSIEUR LE VICE-PRÉSIDENT.
TA SECRÉTAIRE SE TOURNE TELLEMENT LES POUCES...
QU'ELLE ESPIONNE LES AUTRES ?
FAIS ATTENTION À CE QUE TU DIS, HOJIN.
OUPS.
HA HA HA
IL EST TELLEMENT SUSCEPTIBLE QUAND ON PARLE DE SA SECRÉTAIRE.
ET TON ASSISTANT, ALORS ?
IL A L'AIR D'UN CRÉTIN À T'ATTENDRE TOUT SEUL DANS UN COIN.
BIP BIP BIP
[MAÎTRISE DE SOI]
[MAÎTRISE DE SOI]
ILS PARLENT DE MOI ?
BIP BIP BIP
C'EST VRAI ?

SON AIR IDIOT A TOUJOURS FAIT SON CHARME.
ILS DOIVENT ÊTRE EN TRAIN DE ME COMPLIMENTER !
FWIP
IL EST TELLEMENT INSOUCIANT.
ET DONC, C'ÉTAIT QUI CETTE FEMME ?
QU'EST-CE QUE ÇA PEUT TE FAIRE ?

JE N'AI PAS LE DROIT D'ÊTRE CURIEUX ?
J'EN PARLERAI QUAND ÇA DEVIENDRA SÉRIEUX.
HÉ HÉ
SI SEULEMENT TU SAVAIS QU'ELLE ÉTAIT LA CLÉ POUR OBTENIR LE GRAM...
J'AI HÂTE DE VOIR TA TÊTE QUAND TU L'APPRENDRAS.
CE PETIT CON...
FÉLICITATIONS.
POUR QUOI ?
J'ESPÈRE QUE CETTE FEMME T'APPORTERA ENFIN LA JOIE DE VIVRE.
QUOI ?

JE ME SUIS TOUJOURS DEMANDÉ COMMENT TU FAISAIS POUR AVOIR UNE VIE AUSSI ENNUYEUSE...
MAIS N'OUBLIE PAS QUE FILLE OU GARÇON, TU NE PEUX PLUS TE PERMETTRE D'ÊTRE EXIGEANT À CE STADE.
BAM
BAM
BAM
TRIPLE COUPS CRITIQUES
ALORS J'Y VAIS.
UUH...
QUE LUI AVEZ-VOUS DIT POUR QU'IL TIRE UNE TÊTE PAREILLE ?
JE LUI AI JUSTE DONNÉ UN CONSEIL.

MONSIEUR, NOUS DEVONS PARTIR POUR VOTRE PROCHAIN RENDEZ-VOUS.
SECRÉTAIRE JI.
OUI, MONSIEUR.
LES GENS FONT QUOI PENDANT UN RENCARD ?
UN RENCARD ?
QUOI ?
TU M'AS DIT QUE TU AVAIS EU PLUSIEURS PETITES AMIES.
C'EST VRAI, J'AI PAS MAL DE SUCCÈS.
CANON COMME JE SUIS.

QU'EST-CE QUE TU FAISAIS AVEC CES FILLES ?
TOUJOURS LA MÊME CHOSE...
JE LES EMMENAIS FAIRE UN TOUR EN VOITURE, AU RESTAURANT, AU CINÉMA...
ET PUIS À L'HÔTEL...
VOUS VOYEZ ?
HUM...
J'AI UN RENCARD DIMANCHE, DONC LIBÈRE MON EMPLOI DU TEMPS.
D'ACCORD, MAIS MONSIEUR...

?!
ACCOUCHE.
EUH...
EST-CE QUE...
VOUS VOULEZ QUE JE RÉSERVE UNE CHAMBRE D'HÔTEL ?
...?

CHAPITRE 10

UNE CHAMBRE D'HÔTEL ?
AHH
VOUS NE SUIVEZ PAS ?
QUOI ?
APRÈS LE CINÉMA, VOUS POUVEZ ALLER BOIRE UN VERRE...
ET SI L'AMBIANCE EST BONNE...
ON VIENT À PEINE DE SE RENCONTRER.
VOUS VOUS ÊTES DÉJÀ VUS DEUX FOIS ET VOTRE BUT EST DE L'ÉPOUSER.
OÙ EST LE PROBLÈME ?
JUSTEMENT, C'EST SEULEMENT NOTRE DEUXIÈME RENDEZ-VOUS.

VOUS SAVEZ...
JE SUIS DÉJÀ PASSÉ À LA VITESSE SUPÉRIEURE AU BOUT D'UNE DEMI-HEURE.
Passion de la jeunesse
C'EST VRAI QU'ON AVAIT PAS MAL BU, MAIS BON...
FWIT
FWIT
TU N'ES QU'UN ANIMAL.

IL N'Y A RIEN DE MAL À ÇA, NOUS SOMMES DES ADULTES.
ADULTE OU PAS, IL Y A DES LIMITES À GARDER AVEC LES FEMMES.
QU'EST-CE QUE VOUS POUVEZ ÊTRE VIEUX JEU.
PLUS PERSONNE NE PENSE COMME ÇA DE NOS JOURS.
EN PLUS, VOUS NE L'AIMEZ PAS VRAIMENT.
...
VOUS VOUS SERVEZ D'ELLE POUR METTRE LA MAIN SUR UNE PEINTURE...
TU SAIS, LES GENS...
POUR ÊTRE RESPECTÉS, DOIVENT RESPECTER LES AUTRES EN PREMIER LIEU.

OR ON DIRAIT PRESQUE QUE TU ME PRENDS DE HAUT.
C'EST-DRÔLE, HEIN ?
JE SUIS DÉSOLÉ !
MAIS NON... NE SOIS PAS DÉSOLÉ.
JE SAIS QUE C'EST TON SALE CARACTÈRE.
SNIF
VOUS ME FAITES DE LA PEINE, MONSIEUR.
AH BON ?
OUI, VOUS ALLEZ TROP LOIN.
ÇA M'EST ÉGAL.

SNIF, VOUS ÊTES CRUEL !
TU T'AMÉLIORES À FORCE DE JOUER LA COMÉDIE.
MERCI.
BREF...
DONC JE L'EMMÈNE FAIRE UN TOUR EN VOITURE PUIS DÎNER.
TU AS UNE IDÉE DU RESTAURANT ?
VOUS POUVEZ MANGE ITALIEN.
ET POUR LE DESSERT, ALLER DANS UN SALON DE THÉ.
LES FEMMES AIMENT LE GRAS ET LE SUCRÉ.
TU CROIS ?
OUI, J'EN SUIS SÛR !

HUM...
HÉ HÉ
POUR LE CINÉMA, IL Y A UN FILM D'HORREUR À L'AFFICHE EN CE MOMENT.
RIEN DE MIEUX POUR FLIRTER.
VOUS POURREZ LUI PRENDRE LA MAIN SI ELLE A PEUR.
AH OUI ?
VOUS POUVEZ ME FAIRE CONFIANCE, ÇA MARCHERA À COUP SÛR.
TU M'EN DEMANDES BEAUCOUP...

ÉRU10 : J'AI BESOIN DE SÉDUIRE UNE FILLE. DONNEZ-MOI VOS CONSEILS, SVP.
351
6
HAUTMAGE : JE CROIS QU'IL EST TEMPS QUE JE M'INVOQUE UNE FAUSSE COPINE, SNIF.
28
BOUFFONMOQUEUR : CHANGE DE PSEUDO.
28
COURAGE, HAUTMAGE.
[RODOLPHE]
[HAUTMAGE]
[SAINTE]
J'EN VEUX PAS DE TA PITIÉ, DONNE-MOI DE L'ARGENT À LA PLACE.
BANQUE DU PEUPLE, N°1212-181818.
SI TU VEUX LA SÉDUIRE, IL SUFFIT DE LA METTRE DANS TON LIT.
[SAINTE]
[BOUFFONMOQUEUR]
BLING
BLING
TOI AUSSI.
CHANGE DE PSEUDO.
PFT...

EUHA REVIENT DES TOILETTES
HA HA HA
POURQUOI TU RIGOLES TOUTE SEULE ?
POUR RIEN...

TU PARLES À TON FUTUR MARI ?
NON.
JE NE T'AI PAS VUE LUI ENVOYER DE MESSAGE DE LA JOURNÉE.
ÇA VA TOUJOURS ENTRE VOUS ?

POURQUOI ? JE SUIS CENSÉE ?
QUOI ?
TU N'ES PAS CURIEUSE DE SAVOIR CE QU'IL FAIT ?
POUR QUOI FAIRE ?
C'EST VRAI QUE TU NE L'AIMES PAS VRAIMENT.
TU CHERCHES JUSTE UN BON PARTI QUE TU POURRAS JETER COMME UNE VIEILLE CHAUSSETTE.
MAIS SI TU ES TROP INDIFFÉRENTE, LE MARIAGE RISQUE DE NE PAS AVOIR LIEU.
HEIN...?
COMMENT ÇA ?
IL NE VA PAS VOULOIR T'ÉPOUSER SI TU NE LUI MONTRES AUCUN INTÉRÊT.
TU DOIS AU MOINS AVEC L'AIR AMOUREUSE OU ESSAYER DE FLIRTER AVEC LUI.

AH OUI...?
REGARDE-LES.
QU'ILS SE PRENNENT UNE CHAMBRE, JE TE JURE...
SMACK
SMACK
SMACK
WAOUH...

DONC C'EST COMME ÇA, UN VRAI COUPLE...
ÉRU IO : JE COMPTE L'INVITER AU RESTAURANT PUIS AU CINÉMA. VOUS EN PENSEZ QUOI ?
HAUTMAGE : C'EST CE QU'ILS FONT DANS LES FILMS. MÊME SI JE NE L'AI JAMAIS VÉCU...
ÉRU IO : QUELQU'UN M'A DIT QUE LES FILLES AIMAIENT MANGER ITALIEN. MAIS JE N'AI PAS CONFIANCE EN CETTE PERSONNE DONC J'AI BESOIN DE VOS AVIS.
[HAUTMAGE]
[ÉRU IO]
FWIP FWIP
TOUT CE QUE JE SAIS, C'EST QU'IL FAUT ENLEVER SES CHAUSSURES AVANT DE RENTRER DANS LA SALLE DE CINÉMA.
PERSONNE D'AUTRE, À PART LE HAUTMAGE ?

[HAUTMAGE]
SI TU ME REJETTES TOI AUSSI, JE VAIS AVOIR LE CŒUR BRISÉ !
[ÉRU10]
SI JE TE PAIE, TU PEUX PARTIR ?
PFFFT !
?
HA
HA
HA
HA
?
J'EN PEUX PLUS, D'EUX !
JE NE LA VOIS JAMAIS AUTANT SOURIRE QUE QUAND ELLE EST SUR CE FORUM.
IL DOIT ÊTRE DRÔLE DANS LA VRAIE VIE.
QUI ÇA ?
ÉRU10.
JE NE SAIS PAS QUI EST CET ÉRUDIT, MAIS JE LE REMERCIE.

IL A L'AIR INNOCENT ET UN PEU BIZARRE AUSSI.
JE ME DEMANDE À QUOI IL RESSEMBLE.
HUM...

TU SAIS, EN CHINE...
IL Y A UNE FILLE QUI SORTAIT AVEC UN MEC DEPUIS LONGTEMPS SUR INTERNET...
EH BIEN, ELLE S'EST SUICIDÉE APRÈS L'AVOIR RENCONTRÉ POUR LA PREMIÈRE FOIS.
LA RÉALITÉ N'EST JAMAIS AUSSI BELLE QUE LA FICTION.

IL N'Y A PAS QUE L'APPARENCE QUI COMPTE.
ON NE VOIT PAS TOUJOURS CE QUE CACHENT LES GENS À L'INTÉRIEUR...

DING
DING
HOJIN
BONJOUR, SEONGJEONG.
BONJOUR.
HOJIN
VOUS AVEZ BIEN DORMI ?
DING
DING
OUI, ET VOUS ?
HOJIN
NON, VOUS ME MANQUIEZ TROP. REGARDEZ MES YEUX : O.O.
Non, vous me manquiez trop. Regardez mes yeux : O.O.
HEIN ?
AH...
SEONGJEONG
DING
DING
VOUS ME FLATTEZ ^^
PRENEZ VOTRE TEMPS, JE VOUS ATTENDS EN BAS DE CHEZ VOUS.

SEONGJEONG
DING
VOUS ÊTES DÉJÀ ARRIVÉ ?
DING
DÉSOLÉ, J'AVAIS TROP HÂTE DE VOUS REVOIR 0.0
ARGH ! IL NE PEUT PAS ARRÊTER AVEC SON SMILEY ?!
D'ACCORD, JE ME DÉPÊCHE ^^
FAIT PAREIL
PAF
PAF
OH !
TOC
TOC
TU AS RENDEZ-VOUS AVEC LE DIRECTEUR LEE ?
OUI, ON VA SEULEMENT SE PROMENER ET ALLER AU RESTAURANT.
TU PARS MAINTENANT ?

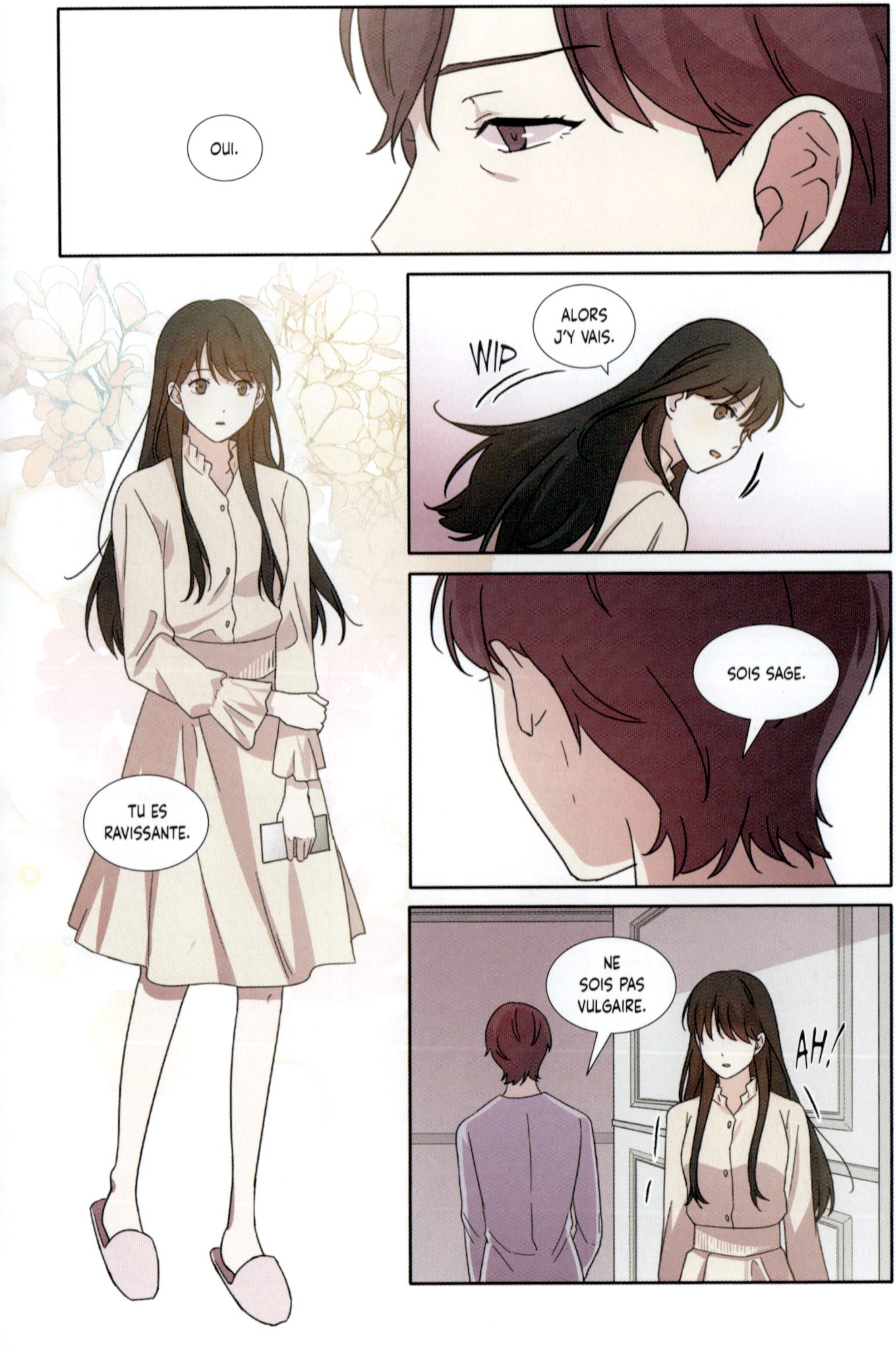
OUI.
TU ES RAVISSANTE.
WIP
ALORS J'Y VAIS.
SOIS SAGE.
NE SOIS PAS VULGAIRE.
AH !

CHAPITRE 11

…
SEONGJEONG
J'ARRIVE ^^ JUSTE UN INSTANT ^^
C'EST QUOI TOUS CES "^^" ?
AH…
ON DIRAIT LES MESSAGES DE MA NOURRICE.
ZZZ
ZZZ
HUM
QUI M'APPELLE MAINTENANT…?
JE FAISAIS DES BEAUX RÊVES…

TAC
OH !
OUI, MONSIEUR ?

DÉSOLÉ SI JE TE RÉVEILLE.
IL EST OÙ LE SALON DE THÉ QUE TU ME CONSEILLAIS ?
IL EST SUR LA ROUTE DE YANGPYEONG À L'EST...
IL EST SITUÉ ENTRE DEUX BÂTIMENTS BLANCS, VOUS LE RECONNAÎTREZ.
C'EST QUOI, SON NOM ?
JE M'EN SOUVIENS PLUS...
MAIS J'AI ENREGISTRÉ LE BÂTIMENT D'À CÔTÉ DANS VOTRE GPS.
VOUS N'AUREZ PLUS QU'À SUIVRE LES INSTRUCTIONS.
MERCI, SECRÉTAIRE JI.
DE RIEN, PASSEZ UNE BONNE JOURNÉE !
BON COURAGE !
OUI.
HEUREUSEMENT QU'IL EST LÀ QUAND MÊME.
BIP

OH !
TOC
TOC
HOJIN.
CLAC

DOUCE NUIT…
SAINTE NUIT…
VOUS AIMEZ LES CHANTS DE NOËL ?
C'EST LE SECRÉTAIRE JI QUI A MIS CETTE MUSIQUE ?
OUI, JE SUIS TROP PARESSEUX POUR CHANGER.
C'EST EN BOUCLE DEPUIS L'HIVER DERNIER.
…
C'ÉTAIT UNE BLAGUE.
AH, D'ACCORD.
J'Y AI PRESQUE CRU…
HUM
ÇA ME FAIT DU BIEN D'ÉCOUTER DES MUSIQUES DE NOËL EN ÉTÉ.
ÇA ME RAPPELLE LES BONS SOUVENIRS DES FÊTES DE FIN D'ANNÉE.

VOILÀ POURQUOI.
~~~♬
GROS MENSONGE !
JE VOIS !
VOUS ÊTES UN ROMANTIQUE !
~~~♬
AH LÀ LÀ !
AH OUI ? HA HA.
~~~♬
POUR L'INSTANT, TOUT VA BIEN.
CE N'EST PAS SI COMPLIQUÉ QUE ÇA, FINALEMENT.
ÇA VOUS DIT D'ALLER À YANGPYEONG ?
~~~

OUI, SUPER IDÉE !
BIEN, ON POURRA SE BALADER ET S'ARRÊTER DANS UN SALON DE THÉ SUR LE CHEMIN.
CHOUETTE, J'ADORE LES SALONS DE THÉ !
GPS
BIP
RECHERCHE PAR NO
RECHERCHE PAR ADRES
DESTINATIONS SAUVEGARD
NAVIGATION
HISTORIQUE
APRÈS ÇA, ON IRA AU RESTAURANT...
DESTINATION "HÔTEL ROSE ÉROTIQUE" SÉLECTIONNÉE
HÔTEL ROSE ÉROTIQUE

...
C'EST QUOI, CE NOM ?
JE M'EN SOUVIENS PLUS...
MAIS J'AI ENREGISTRÉ LE BÂTIMENT D'À CÔTÉ DANS VOTRE GPS.
SECRÉTAIRE JI !!

PLIC
SHHHHHHHHH
IL FAIT BEAU, DIS DONC...
HAHA...
J'ÉTAIS TELLEMENT GÊNÉ QUE J'AI ÉTEINT LE GPS... JE NE SAIS MÊME PAS SI C'EST LA BONNE DIRECTION...
ARGH
JE VOUS JURE QUE CE N'ÉTAIT PAS MOI !
J'ESPÈRE QUE VOUS ME CROYEZ.
OUI, OUI. JE VOUS CROIS.
FWIP
JE VOUS LE PROMETS, JE NE SUIS PAS UN OBSÉDÉ !

JE N'EN DOUTE PAS.
NE VOUS INQUIÉTEZ PAS.
J'AI TRÈS BIEN COMPRIS.
COMME JE VOUS L'AI DIT, C'EST MON IDIOT DE SECRÉTAIRE QUI...
JE SAIS, IL A RENTRÉ L'ADRESSE DU BÂTIMENT LE PLUS PROCHE.
IL TOURNE EN BOUCLE DEPUIS TOUT À L'HEURE !
ÇA SUFFIT !
JE SUIS DÉSOLÉ.
TOUT VA BIEN, JE VOUS DIS. IL N'Y A PAS MORT D'HOMME.
HA...
C'EST LA FAUTE DE CET HÔTEL !
ZIEUTE
QUE FAIT-IL À CÔTÉ D'UN SALON DE THÉ ?

JE VOUS PROMETS QUE ÇA NE SE REPRODUIRA PLUS.
JE SAIS.
ÇA ARRIVE À TOUT LE MONDE DE FAIRE DES ERREURS.
MOI AUSSI, J'EN FAIS SOUVENT.
SHH
FASH
FASH
PLIC
PLIC
PLOC
PLOC
~♬
~~~♬
~~~

~~~~~♬
HUM
~~~♬
POURQUOI ÇA VOUS CONTRARIE AUTANT ?
JE NE SAIS PAS...
VOUS VOUS METTEZ LA PRESSION POUR QUE TOUT SOIT PARFAIT ?

OH...
OUI, PEUT-ÊTRE.
J'AI TOUJOURS ÉTÉ PERFECTIONNISTE DEPUIS PETIT.
JE PENSAIS QUE JE N'AVAIS PAS LE DROIT À L'ERREUR.
WIP WIP
DU COUP, JE ME SUIS ACHARNÉ POUR CORRIGER MES DÉFAUTS.
WIP
WIP
ELLE DOIT ÊTRE DÉÇUE...
POUF

JE NE SUIS PAS À VOTRE PLACE, MAIS...
ÇA NE DEVAIT PAS ÊTRE FACILE.
...
VOUS VOUS ÊTES BATTU...
POUR POUVOIR VOUS CONFORMER À UN IDÉAL.
ÇA DEMANDE UNE RIGUEUR...
QUE PEU DE GENS POSSÈDENT.

SI VOS EFFORT ONT FAIT CELUI QUE VOUS ÊTES AUJOURD'HUI...
ALORS VOUS ÊTES IMPRESSIONNANT.
VOUS TROUVEZ...?

AUJOURD'HUI ENCORE...
ELLE EST...
OH !
UN DOUBLE ARC-EN-CIEL !
WAOUH !
C'EST LA PREMIÈRE FOIS QUE J'EN VOIS UN !
C'EST MAGNIFIQUE !
HUM

VOUS ÊTES SURPRENANTE.
COMMENT ÇA ?
PARFOIS VOUS NE RÉAGISSEZ PAS COMME TOUT LE MONDE.
AH...
SEONGJEONG.
TU DOIS BIEN TE COMPORTER DEVANT LES AUTRES.
NE FAIS PAS HONTE À TON PÈRE ET À TES FRÈRES.
SURTOUT TOI. C'EST COMPRIS ?
JE DIS ÇA POUR TON BIEN.
IL FAUT QUE TU SOIS IRRÉPROCHABLE EN TOUTE OCCASION.

JE...
DÉSOLÉE.
ATTENDEZ.
CE N'EST PAS...
JE ME SUIS LAISSÉE EMPORTÉE.
MAINTENANT QUE LE TEMPS S'EST ÉCLAIRCI...
NOUS DEVRIONS REPRENDRE LA ROUTE.

CHAPITRE 12

HÔTEL ROSE ÉROTIQUE
VOUUUUUH
JE CROIS QU'IL EST FERMÉ.
Fermeture estivale
^▽^
Salon de thé Romance
ON DIRAIT BIEN...
BON, ALORS...
ALLONS DIRECTEMENT AU RESTAURANT.

J'ADORE MANGER ITALIEN.
FAITES-VOUS PLAISIR.
GRRR
ARRÊTONS-NOUS À LA PHARMACIE AVANT LE CINÉMA.
GRRR
D'ACCORD...
GRRR
GRRR
GRRR

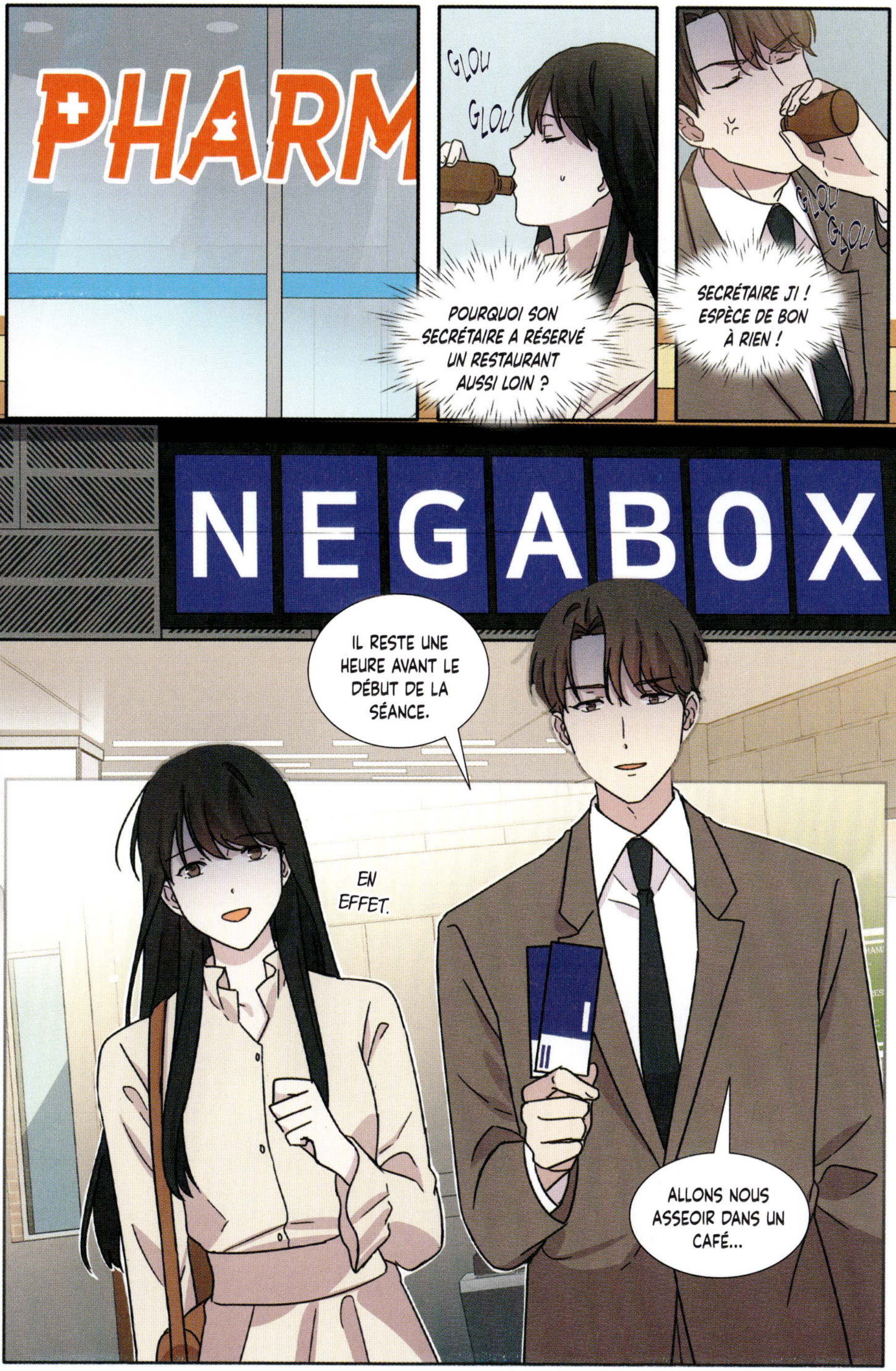
PHARM
GLOU
GLOU
GLOU
GLOU
POURQUOI SON SECRÉTAIRE A RÉSERVÉ UN RESTAURANT AUSSI LOIN ?
SECRÉTAIRE JI ! ESPÈCE DE BON À RIEN !
NEGABOX
IL RESTE UNE HEURE AVANT LE DÉBUT DE LA SÉANCE.
EN EFFET.
ALLONS NOUS ASSEOIR DANS UN CAFÉ...

BANG COFFEE
IL Y A TROP DE QUEUE.
TROUVONS AUTRE CHOSE À FAIRE.
GAME ☆ ZZURU
PAR LÀ...
ZIEUTE
OH, REGARDEZ !
LE CHAT EST TROP MIGNON !

CE JEU EST SIMPLE, IL SUFFIT DE CALCULER L'ANGLE ET LE CENTRE DE GRAVITÉ.
FWIT
VOUS AVEZ L'AIR DE VOUS Y CONNAÎTRE.

UN PEU, VOUS VOULEZ LA PELUCHE DE CHAT ?
OUI !
BIEN, JE VAIS VOUS L'ATTRAPER.
CHOUETTE !

MACHINE DE CHANGE
ENTRÉE BILLET
APPUYEZ POUR CHANGER
SORTIE MONNAIE
E MONNAIE
CLING
CLING
VOUS ÊTES SÛR QUE ÇA SUFFIRA ?
HÉ HÉ
OUI, LARGEMENT.
JE SAIS QUE CE N'EST QU'UN JEU, MAIS...
VOUS M'IMPRESSIONNEZ.

CE N'EST VRAIMENT PAS GRAND-CHOSE, MAIS MERCI.

CLING
CLING
WIP
WIP
OUI, VOILÀ ! UN PEU PLUS SUR LE CÔTÉ ! C'EST BON !
TAC
TAC
TAC
OH NON...
FWIT
DOUUM
VOUS Y ÉTIEZ PRESQUE.

C'ÉTAIT JUSTE UN ESSAI !
JE L'AURAI AU PROCHAIN TOUR.
AH, D'ACCORD...
10000
CLING
CLING
CLING
CLING
TAC!
FWIT
N'A PAS BOUGÉ D'UN CENTIMÈTRE
EUH, FINALEMENT...
POUF
IL N'EST PAS SI MIGNON, LAISSONS TOMBER.

ATTENDEZ !
IL ME FAUT JUSTE UN TOUR DE PLUS.
SI ÇA SE TROUVE, LA MACHINE EST CASSÉE.
ON DIRAIT QU'ELLE LÂCHE QUAND VOUS L'ATTRAPEZ...
NON, JUSTE UNE DERNIÈRE FOIS...
J'ABANDONNE SI ÇA NE MARCHE PAS.

VINGT MINUTES PLUS TARD…
OÙ SUIS-JE… QUI SUIS-JE… ?
GROS NUL, JE TE LAISSE M'AVOIR PARCE QUE TU ME FAIS PITIÉ…
POF

HOURRA !
CE N'EST PAS TROP TÔT !
HA HA HA
LUI AUSSI, IL A L'AIR DÉPITÉ.

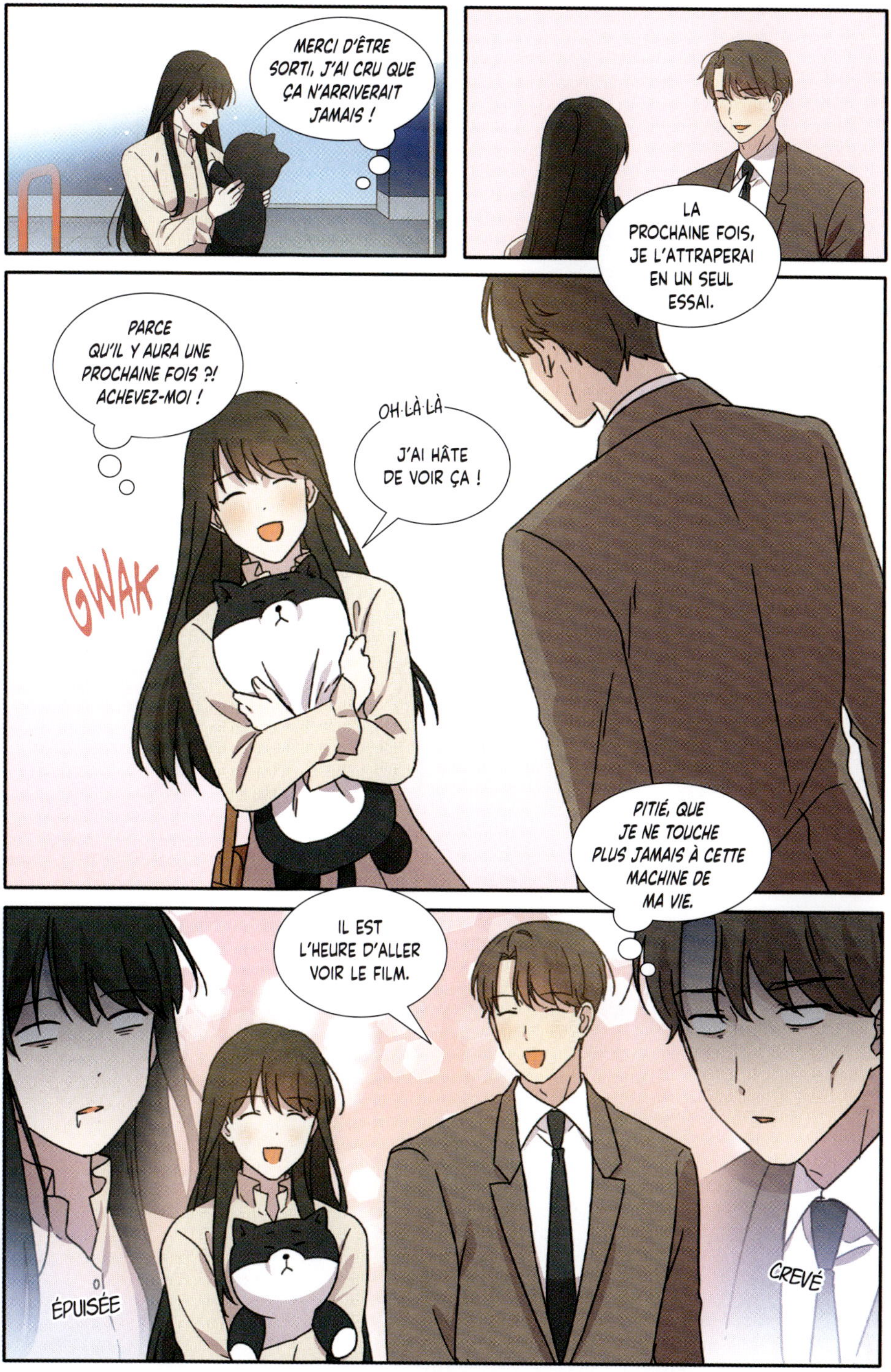

MERCI D'ÊTRE SORTI, J'AI CRU QUE ÇA N'ARRIVERAIT JAMAIS !
LA PROCHAINE FOIS, JE L'ATTRAPERAI EN UN SEUL ESSAI.
PARCE QU'IL Y AURA UNE PROCHAINE FOIS ?! ACHEVEZ-MOI !
OH·LÀ·LÀ
J'AI HÂTE DE VOIR ÇA !
GWAK
PITIÉ, QUE JE NE TOUCHE PLUS JAMAIS À CETTE MACHINE DE MA VIE.
IL EST L'HEURE D'ALLER VOIR LE FILM.
ÉPUISÉE
CREVÉ

CRIIC
CRIIC
CRIIC
AAAAAH
AH !!

GNIP
GWAK
SA MAIN EST CHAUDE...
FFFT
OH, SES DOIGTS !

BRRR
BRRR
ÂLLO ?
JE SUIS AU CINÉMA...
ATTENDS, JE VAIS SORTIR.
BABOUM
BABOUM
FWIT
TAC

SPLASH
PLIC
PLOC
FWOUP

CHAPITRE 13

ÇA VA ALLER, HOJIN ?
OUI, NE VOUS INQUIÉTEZ PAS.
VOUS DEVEZ VOUS SENTIR POISSEUX.
CE N'EST RIEN, JE POURRAI ME LAVER EN RENTRANT.
MAIS JE SUIS DÉSOLÉ POUR VOTRE SAC, IL EST SÛREMENT IRRÉCUPÉRABLE.
CE N'EST PAS GRAVE, CE N'EST QU'UN SAC.

ZZZ
ZZZ
C'ÉTAIT UNE LONGUE JOURNÉE, N'EST-CE PAS ?
OUI... JE SUIS ASSEZ ÉPUISÉE.

JE FERAI MIEUX LA PROCHAINE FOIS.
MAIS NON, J'AI PASSÉ UNE EXCELLENTE JOURNÉE.
VRAIMENT ?
WIP
WIP
OUI, J'AI MÊME EU LE DROIT À UN CADEAU.
FWIT
JE NE ME SUIS JAMAIS AUTANT AMUSÉE.

ALORS TANT MIEUX.
ET AUSSI...
JE VOUS RACHÈTERAI UN NOUVEAU SAC.
OH !
MAIS NON, CE N'EST PAS LA PEINE !
SI, SI, J'INSISTE.

ON POURRAIT Y ALLER ENSEMBLE LA SEMAINE PROCHAINE.
J'AIMERAIS VOUS OFFRIR UN SAC DE LA MÊME MARQUE POUR ME FAIRE PARDONNER.
MERCI...
RENTREZ BIEN.
VOUS AUSSI, FAITES BONNE ROUTE ET PRÉVENEZ-MOI UNE FOIS ARRIVÉ.
D'ACCORD.
VROOUUM

GWAK
BRR
BRR
IL NE FAUT PAS QUE JE FASSE DE BRUIT...
FFT
JE DOIS VITE ME CHANGER.

TAP
TAP
CRAC
JE COMPTAIS T'APPELER PASSÉ 21 H, MAIS TU ES RENTRÉE, FINALEMENT.
OH !

AH...
OUI, JE VIENS D'ARRIVER.
TU...
ZIEUTE
ZIEUTE
QU'EST-CE QU'IL T'EST ARRIVÉ ?
ZIEUTE

EUH, ON ÉTAIT AU CINÉMA ET...
QUELQU'UN A RENVERSÉ DU COCA SUR NOUS...
JE T'AI DIT DE FAIRE ATTENTION.
AH...
MAIS MES CONSEILS RENTRENT PAR UNE OREILLE ET RESSORTENT PAR L'AUTRE, COMME D'HABITUDE.

CE SAC EST BON POUR LA POUBELLE.
C'ÉTAIT UN CADEAU DE TON FRÈRE, QUEL DOMMAGE.
DÉSOLÉE. JE L'APPELLERAI POUR M'EXCUSER.
VA TE COUCHER.
D'ACCORD.
SEOJEONG.

OUI, MAMAN.
COMMENT S'EST PASSÉ TON RENDEZ-VOUS ?
BIEN, JE ME SUIS COMPORTÉE COMME IL FALLAIT.
ET HOJIN ÉTAIT TRÈS CHARMANT ET PRÉVENANT.
C'EST VRAIMENT QUELQU'UN D'ADMIRABLE.
JE VOIS.
RESTE QUAND MÊME PRUDENTE...

À SUIVRE...

An Hour of romance

KIM MYEONGMI

À la suite d'une malédiction, une directrice marketing et son subordonné maladroit échangent leurs corps malgré eux pendant une heure chaque jour !

Ju an est une femme ambitieuse totalement accro au travail, qui dirige son équipe d'une main de fer. Lorsqu'on lui impose Dojin, un beau gosse maladroit au cœur pur, c'est loin d'être l'amour fou. Pourtant, la vie de ce duo improbable va être bouleversée suite à un voyage d'affaires : dans un temple, un moine les lie par un enchantement. Les voilà obligés d'échanger leurs corps pendant une heure chaque jour ! Nos deux héros doivent alors coopérer pour sauver leur réputation !

Une romance fantastique au bureau… L'autrice de *Qu'est-ce qui cloche avec la secrétaire Kim ?* bouscule les genres !

SÉRIE EN COURS

KBOOKS

SI JAMAIS VOUS DÉCOUVREZ CE MANHUA À PARTIR DE LÀ...
BIEN...
TAC
JE VAIS VOUS DÉSHABILLER MAINTENANT.
JE SAIS QUE LA SITUATION POURRAIT PRÊTER À CONFUSION.
VSH
MAIS, CETTE SCÈNE N'EST...
PAS DU TOUT CE QUE VOUS IMAGINEZ.

LEE Yunji

Something About Us

Ils sont les seuls à ne pas savoir qu'ils se plaisent !

Ga-yeong et Woo-jin se considèrent comme meilleurs amis.
Le lien qui les unie est si fort et leur complicité si grande
que personne ne veut croire à une simple amitié !
Mais de l'amitié à l'amour, il n'y a qu'un pas…

Un duo attachant, une histoire drôle et émouvante !

SÉRIE EN COURS

KBOOKS

ÇA ME RAPPELLE QUAND ON RENTRAIT APRÈS NOS COURS DU SOIR AU LYCÉE.
OH ?
JE ME DISAIS LA MÊME CHOSE.
C'EST COOL QU'ON SOIT DANS LA MÊME FAC.
PAS VRAI ?
GRAVE...

Qu'est-ce qui cloche avec TA VIE EN LIGNE ?

What's wrong with your online life ? VOL.01

Directeur de collection : Pascal LAFINE
Coordinatrice : Lina Liang
Supervision éditoriale : Marine LAFONTAINE
Traduction : Sarah OZKALP
Maquette & lettrage : Studio Charon
Conception graphique : Yohan JULIEN

Dépôt légal : mars 2024
ISBN : 978-2-38288-156-9

Imprimé et relié en février 2024
par Aubin, en France

Groupe Delcourt - KBOOKS -
8 rue Léon Jouhaux 75010 Paris

www.editions-delcourt.fr

KBOOKS